U0463775

范源廉传

力从平地起　心向实处行

江峡 ◎ 著

团结出版社
UNITY PRESS

图书在版编目（CIP）数据

力从平地起，心向实处行：范源廉传 / 江峡著 . --
北京：团结出版社，2024.1
　　ISBN 978-7-5234-0382-2

　　Ⅰ . ①力… Ⅱ . ①江… Ⅲ . ①范源廉 – 传记 Ⅳ .
① K825.46

中国国家版本馆 CIP 数据核字（2023）第 167026 号

出　版：团结出版社
　　　　（北京市东城区东皇城根南街 84 号　邮编：100006）
电　话：（010）65228880　65244790（出版社）
　　　　（010）65238766　85113874　65133603（发行部）
　　　　（010）65133603（邮购）
网　址：http://www.tjpress.com
E-mail：zb65244790@vip.163.com
　　　　tjcbsfxb@163.com（发行部邮购）
经　销：全国新华书店
印　装：三河市东方印刷有限公司

开　本：163mm×240mm　16 开
印　张：16.25
字　数：192 千字
版　次：2024 年 1 月　第 1 版
印　次：2024 年 1 月　第 1 次印刷

书　号：978-7-5234-0382-2
定　价：58.00 元
　　　　（版权所属，盗版必究）

序　言

　　历史的车轮滚滚向前，你方唱罢我登场，在无数生命的迭代交替中，人类社会铸就了辉煌的文明，也留下了一个个或许伟大，或许平凡的故事。回首过往，在曾经的历史舞台上，无论情势波澜壮阔，抑或风平浪静，不管生命的状态慷慨激扬，还是百转愁肠，随着岁月的流逝，终将在时间的洪流中归于平静，并沉淀于或明或暗的历史遗迹中。

　　斯人已逝，虽然曾经的喧嚣沉浮早已沉寂，但历史似乎从来也没有离开过我们，现实中的我们，无论身处何时何地，都不可能脱离所在国家和地域长期以来形成的文化烙印。这不仅是由于历史本身自有的惯性以及"集体无意识"所形成的自然传承，更为重要的还在于一代代的文人学士、专业学者，特别是历史学人，通过对各种历史资源的挖掘和阐发，让曾经的人人事事，以合乎现代需要的方式，"重返"人类的舞台，影响人们的自我认知和价值评判，丰富和滋养人们的内心世界，为世人的行为举止和决策提供历史镜鉴，并帮助现实社会不断重构道德规范和价值体系。职是之故，历史著述，从来都是人类知识宝库中最重要的内容之一，而人物传记则又可谓是最受人关注和欢迎的历史读物之一。

　　对于读者来说，阅读人物传记，不仅可以通过对传主的生命轨迹、人生境遇乃至心灵思考的了解，唤醒自己内心的记忆和生活体验，为自己的行为处世提供借鉴，甚或激发对人生和人性的感悟和思考，而且还往往会藉由作者的叙事和建构，去获取认识社会、追求人生价值和意义等方面的启示。就此而言，尽管以往的人物传记大多聚焦于那些在历史上具有重要影响的精英，但实际上，人物传记的价值，并非全然取决于传主的声名以及成就的伟大，普通人的传记同样甚至更有可能激活读者的内心世界，给人以心灵的滋养和启益。当然，这需要有两个前提条件：传主需要有足够丰富的故事并留下可供发掘的历史遗存（包括文献和实物），而作者则具有发现的眼光和挖掘历史遗迹、钩沉和阐发事迹的能力。不管怎样，是否值得为一个人物作传记，人物传记的好坏与意义，并不必然与传主的身份与地位相关；人物传记的作用，也并非只是为传主盖棺定论，更重要的可能还在于，以当代和作者的关照激活逝去的生命，让曾经鲜活的历史重新汇入现实的洪流之中。

作为湖湘名流的范源廉（1876—1927年）显然不属于普通人，他虽非出身名门，而且少年失怙，生活困苦，但少有大志，一心向学，早年师从梁启超就学于长沙时务学堂，戊戌变法失败后，两度留学东瀛，成绩卓越，名重士林。进入民国后，曾先后出任教育部次长、总长，中华书局编辑部主任，中华教育改进会首任董事长，北京师范大学首任校长和北京图书馆馆长等职，并参与清华大学和南开大学的创办工作，乃民国时期当之无愧的重要教育家和慈善家。不过，在时代的风云变幻中，他显然又不属于特别受到关注的名人，在当今中国，若非中国近现代史或中国教育史的专门研究者，知道和了解他的人，应该相当寥寥。其声名，不仅比之蔡元培、胡适、张伯苓和梅贻琦等同侪后辈多有不如，似乎也逊于其从事实业的胞弟范旭东。就是在史学界，对他的关注也微不足道，不仅尚未见其传记或研究他的专著问世，就是以他为主题的专题论文，也只有区区20余篇。然而，只要我们关注他、了解他，走进他的世界，则又往往会深深感佩于他的思想、贡献、精神和风范，可谓"哲人其萎，风范长存"。

对于范源廉这样具有重要历史贡献和丰富精神内涵的历史人物，尚未有人为其立传和展开专门系统的研究，实不能不说是史学界的遗憾。江峡博士，独具慧眼，关注到了近代这一重要的教育精英，并通过系统的资料搜集和梳理，向我们展现了范源廉这位教育家、慈善家曲折的人生，胸怀国家、民众的志向和思想，以及百折不挠、积极有为的精神追求，并进一步引导读者从他的人生经验和价值取向中汲取有益的启迪。这一传记，不仅弥补了国内当前近现代史和教育史研究中的缺憾，而且也为基本尚处于沉寂状态的范源廉的伟大精神和思想光照当今社会提供了更多的可能。

江峡博士本科毕业于南开大学历史学院，他求学的时候，我是毕业留校任教不太久的青年教师，跟本科生的交往较多，江峡是其中非常熟悉的一位。他给我很深的成熟能干的印象，不仅学习热情高、写作能力强，而且做事周到干练，当时就觉得他未来在事业上一定会很有前途。果不其然，他后来不论在行政还是在企业管理等工作岗位上，均稳定踏实，不断进步。更难能可贵的是，他虽然日常工作繁忙，但仍不忘历史学人的初心，坚持学习，并获得了历史学博士学位。如今，看到其专著即将出版，不胜欣喜，遂聊赘数语，以志祝贺，并冀望他继续努力，用自己合适的方式为国家和社会的发展做出更多的贡献。

南开大学历史学院院长、教授　余新忠

2023 年 8 月 25 日于津门寓所

目　录

概　述

　　晚清以降，民族危机日益深重，近代中国面临着前所未有的大变局，社会各界有识之士都在寻思破解之道。戊戌变法失败后，受老师梁启超影响，一位湖南的年轻人远渡日本，进入东京高等师范学校学习。他看到日本因推行教育制度而臻于强大，痛惜于中国暮气沉沉而备受欺凌。于是，他决心走上教育救国的道路。

　　这位年轻人就是范源廉。这本书将讲述他的故事，探究他从一个童年丧父的贫苦孩子走向国家舞台的历程，解码他从一名乡村私塾先生成为北京师范大学等名校校长的传奇，通过他的教育实践、慈善事功、社会活动和朋友圈分享他的成功经验和人生遗憾。

　　范源廉（1876—1927 年），字静生，湖南湘阴人，近代著名教育家、慈善人士和社会活动者。其胞弟范旭东是近代著名爱国实业家，兄弟二人坚持教育救国和实业报国，努力革除教育的封建内容和形式残留，在近现代历史上留下浓墨重彩的一笔。

范源廉少时家贫，14 岁时，父亲早逝，幸得长沙保节堂资助得以存活。1893 年，在其舅父资助下进入清泉学校读书，两年后回家乡担任私塾教师，承担起支撑家庭的重任。维新运动时期，湖南巡抚陈宝箴在湘大力推动变法，梁启超等维新志士来湘创建时务学堂，范源廉受时代风潮影响，积极投考，以第二期 150 名考生中第五名的成绩被录取，进入中文内科生兼西文留课生班学习，同学中有蔡锷、李穆、林圭、周宏业、唐才质、杨树达等，从此成为梁启超的忠实追随者。戊戌变法失败后，范源廉离开时务学堂。1899 年，与同学蔡锷、唐才质结伴前往上海，报考南洋公学，范源廉与蔡锷分列第五名和第六名。当时，梁启超在东京，邀请他们东渡日本自费留学，范源廉遂与同学李穆等筹集经费，赴日本留学，进入梁启超主持的东京大同学校学习。1900 年 6 月，唐才常发起自立会，组织自立军起义，范亦回国，准备在长沙起事，然因事泄未成，范源廉辗转再返日本，1901 年秋考入东京高等师范学校。留学期间，他有幸结识严修、杨度、曹汝霖、陆宗祥等人，建议日本政法大学校长梅谦次郎为中国留学生开设法政速成科。1905 年，清朝学部在北京设立政法学堂，聘日本教授主教，而任通晓日文的范源廉为学部主事辅佐。1906 年，范源廉学成归国，正式进入学部，他勤勉尽责、奋发有为，仅四年时间，便由主事提任员外、郎中、参事，除了处理学部日常事务外，范源廉还参与创建清华大学、殖边学堂（民国后改为蒙藏学院）、优级师范学堂，将求志学会扩大为尚志学会等社会活动。中华民国建立后，他屡任教育总长，还曾出任北京师范大学校长、北京图书馆馆长等职，并曾参与创建南开学校大学部，即南开大学。

相较于同时期的教育界领导人，如蔡元培、蒋梦麟、张伯苓、竺可桢、梅贻琦等，范源廉也是一位颇为重要且富有影响力的人物，但与其同时代的一些著名大家相比，没有存留下较多的文字，他不是著作等身的学问大家，也不是善于笔耕的理论家、政治家，他是教育实践家，是民国早期的教育行政主要领导者、大学教育的直接决策者和教育责任的自觉承担者。他的大部分时间和精力用于教育行政和大学的管理工作。他没留下日记，最多的是在学校和在社会上的演讲，是经办的各类公文。由于文献资料的缺乏以及他生前几无著作出版，各方面对他的研究并不多，而且他52岁即因病去世，在历史舞台上活跃的时间并不长，几乎被社会所遗忘。

在《大宗师》篇，庄子提出"有真人而后有真知"。其实，作为清朝末年到民国北洋政府时期教育界的主要领导人之一，范源廉与教育界的关系深厚且影响巨大，他与同时期的教育家群体一样，都有强烈的爱国情怀和远大的教育理想，在长期的教育实践中取得了较好的教育业绩，有先进的教育理念和全球化的视野，并取得了广泛的社会认可和深远的社会影响。他既有教育的领导经验，又因曾参与创建清华大学、南开大学，主政北京师范大学而具有实践经验，卸任官职后他还担任中华教育文化基金会董事长等社会职务。而他主政的时期正是传统科举教育体制向现代教育迅速变革急速转型的时期，在时代变革的背景下，他尽自己最大的努力主张教育革新，将西学东渐以开民智，运用现代化的教育理念培养对国家、民族有用之人才，发挥爱国知识分子的作用，对近代教育转型作出了积极贡献。

北京大学教授欧阳哲生认为，在民国前期，北京教育界主要存在蔡元培和范源廉两大派系，以北京大学的蔡为革新派，与国民党保持

密切关系；以北京师范大学为依托的范为稳健派，与前清学部和共和党有渊源关系。"两派既有争斗，又有合作。范源廉是北洋政府在教育界台前幕后的主要操控者，可谓与民国前期的北洋政府相始终，对于范氏所扮演的这样一个角色，我们过去显然认识不足。"[1]

除了与同时期教育家共同的爱国、报国、救国理想之外，范源廉还有着鲜明的教育个性思想、特征、品德和能力素质，尤其是在社会角色扮演中发挥着重要作用。

他认为教育既是救国救民之道，也是振奋精神之法，中国之所以落后于世界先进发达国家，主要是因为教育缺乏。从洋务运动到辛亥革命的历史进程，使大多数有志之士都不同程度地认识到这个问题。船舰利炮的洋务运动不见成效，政治体制的维新运动血洒刑场，中国这个古老的病人日益衰弱，人们不约而同地把精神文明当作振兴中华新的良方。从梁启超的"欲维新吾国，当先维新吾民"，到严复的"开民智，兴民德"，表明当时的中国知识分子都在思考国家的前途和民族的命运。深受梁启超影响的范源廉强调，教育除了教授学生知识，更要影响学生精神，适应世界的大势，将识势、科学、尚武、爱国作为教育的宗旨。1919 年 5 月，他联合蔡元培、陈宝泉等著名教育家首次提出对教育宗旨进行修改，建议以"养成健全人格，发展共和精神"为宗旨。1912 年 9 月 2 日，他在教育部总长任上发表训令三则，明确教育要面向所有国人，不分男女，社会教育和学校教育要并重。"自今以往，应就国家社会之情势，依据法令，尽力措施，不惟男子教育宜急也，女子教育亦应急焉；不惟学校教育为重也，社会教育亦并重焉"。[2] 这一思想在当时的时空背景下具有开创性意义，对于中国女性获得平等的教育权具有较大助力。

　　他提倡义务教育，发表《论义务教育当规定于宪法》文，从父母、社会和儿童三个角度提出了义务教育入宪的理由，认为儿童父母或其监护人有使儿童就学之义务，地方公共团体有筹款设学收容其地方学龄儿童就学的义务，儿童本人在学龄期内也有就学之义务。1912年9月，他在民国教育部总长任上，颁布《学校系统令》即"壬子学制"，此令和随后陆续颁布的各类学校令及补充令共同构成"壬子癸卯学制"，该学制明确规定了初等小学校为学生必须接受的义务教育，学制四年。他认为，教育是权利和义务的统一，不仅仅是受教育者应该享有的权利，同时也是家庭、学校、社会和受教育者所应共同承担的责任和义务。

　　他推崇军国民教育，留学日本时受到"尚武"精神影响，认为振兴中国教育必须振尚武之精神，受到第一次世界大战的影响，他深刻感受到："天下虽安，忘战必危。"担任教育总长时曾发布《提倡军国民教育》训令，要求凡高等小学以上之学校，均施行军事教育；无论士农工商均须普及军事教育；各学校在教学时要文武兼备；所有军国民一切教育制度，都要参仿英、美两国。

　　他十分重视普通教育。他深受中国传统教育的影响，也深知其弊端，认为中国延续千年的科举制度，学生主要目的在于功名，在于做官致仕，国家全然不顾及国民的普通教育。他强调，只有办好了小学，才能办好中学，只有办好了中学，才能办好大学。因此，他在任教育总长期间，大力整顿中、小学，公布中、小学校令，具体规定了中、小学校的目的任务、入学条件、课程设置、领导管理等内容，在全国范围内规范中、小学的办学，主张"今之学校，必由普通而进习专业"；担任中华书局编辑总长时，主持编辑中、小学教科书；在担任北京师范大学校长时，推动师范教育，得到蔡元培等人的肯定。

他亦十分重视职业教育和科学教育，针对当时中国存在的对学习工业技术不屑一顾的现象，他提出"使人人有独立自营之能力"的观点，主张加强实业界与教育界之间的融合互动，认为只有学校的教学宗旨、办学目的、课程内容、教学教法、设备设施适应工商实业界的用途，培养出来的毕业生才能满足工商实业界的需求。与此同时，他还强调：国家富强，必须发展实业；而发展实业，必须振兴科学。因此，他把科学教育作为发展实业的关键。他主张的科学教育包括：一是教授科学，二是以科学的方法研究教育。如他在对实业家的演讲中鼓励实业与教育的融合，强调："实业与教育相互联络，为益甚宏""对于所在地之办理实业学校人员，尤望力图接洽，俾实业、教育两界永无丝毫隔阂，久久必有明效大验，获收供求相应之实益矣！"[3]

教师乃教育的希望。范源廉对教授治校颇为推崇，认为大学在培养人才目标上要注重德、智、体全面发展；重视师资力量，广泛吸引各类优秀人才到大学任教；鼓励教育自治，推行民主管理和大师办学；培育大学精神。如他在任北京师范大学校长时，亲自撰写的校歌歌词，便有对师道精神的强烈推崇，他写道："往者文化世所崇，将来事业更无穷，开来继往师道贯其中。师道，师道，谁与立？责无旁贷在藐躬。皇皇兮古都，巍巍兮学府，一堂相聚志相同，朝研夕讨乐融融。弘我教化，昌我民智，共矢此愿务成功。"当时的北京师范大学，办学经费缺乏，教师队伍不稳，学生不满情绪强烈。作为担任过教育总长的校长，范源廉被全校师生寄予厚望，而他也竭尽全力，赋予师大的"师道"责任，凝结着"兴学图存"的教育理想，寄托着宏大而深沉的中国文化情怀。1924 年 1 月 10 日，在北京师范大学校长就职典礼上的演讲中，他也谈到了自己对于教育和师范教育的理解，认为学校是社会国家里的一种组织，这种组织不是可有可无的，它不是社会或国家的一个赘疣，它自有它的生命。在这篇演讲中，范源廉也强调了个人努力奋斗和独立精神的重要："无论政局如何纷扰，只要我们个人精神不乱；无论经济如何困难，只要我们大家志气不馁；那么，前途便有无穷的希望。"[4]

范源廉的开放办学思想值得充分肯定。他坚持教育应该面向世界，学习借鉴欧美经验，这一点与同时期的教育家有着鲜明的区别。他曾先后两度前往欧美国家考察教育，对西方国家教育之优势和长处，他都认真加以分析借鉴，每次考察回来他都撰文、演讲，详细介绍欧美的办学目的、教育制度、学校体制、经费来源、社会实践，并分门别类对小学、中学、高等教育、师范教育、社会教育、体育教育、美国华侨教育、美国在华所营之教育事业做详尽的推荐。在对比中他认为当时的中国之所以落后，一是缺乏科学知识，二是缺乏公民常识，他的这一观点与新文化运动的主流看法大体相似，说明他是支持新文化运动的。

教育乃百年大计，树人之功效不急于一时，范氏在全身心创办教育的同时，还利用自己特殊的政治身份地位以及社会影响，致力于慈善，以慈善接济因政治动乱而举步维艰的学校教育，以慈善救助因天灾战争而民生凋敝的地方社会，以慈善纾解陷于困顿的社会贤达。范源廉作为近现代的湖湘名流，以教育为本，以慈善为行，兼济实业，践行出一条新的"立德、立言、立行"的贤达之路。

在写作本书期间，笔者曾到安徽省合肥包公祠参观，在正门墙上有四个字"廉顽立懦"给人留下深刻印象。这四个字最早出现在《孟子·万章下》中"故闻伯夷之风者，顽夫廉，懦夫有立志"。意思是说，高尚的节操可以激励人振奋向上，包公一生为官二十多年，勤勤恳恳，兢兢业业，严以律己，用自己高尚的言行激励人。当时，我便想到范源廉也是这样，他通过教育、慈善等社会活动，竭尽所能帮助国人，在救国救民的道路上发挥着自己在近代历史上的影响。正如范源廉的胞弟范旭东评价兄长范源廉："极具牺牲精神，诚足以起顽立懦矣。"

本书试图对范源廉的生平结合时代之背景变迁，作出尽量客观之描述，理解之同情，以期能达到以人入史、以史论理、以理析情的目的，为读者了解民国教育和慈善，以及特殊人物在特殊时代所做出的贡献和影响，打开一扇新的窗户。

在本书开始之前，有一个问题需要先交代清楚，那就是范源廉的名字，究竟是"范源廉"还是"范源濂"？范氏之名，时有作"范源濂"者，据学者考证，此为后世讹误。本书除必要的引文外，皆作"范源廉"。[5]

回望百年，我们至为敬佩那些湖湘学人磨而不磷、坚韧不拔的意志，大家为着共同的理想，用自己的精思睿识阐释并光大着湖湘精神，为促进中华优秀传统文化的传播与发展作出了积极贡献。他们在人生道路上，与国家民族同呼吸，与中华文化共命运，与时代社会共进步，展现出"历忧患而不穷，处死生而不乱"的勇猛精进，必将泽被后世。

---

[1]范源廉:《范源廉集》,长沙:湖南教育出版社,2010年,第5页。

[2]同上书,第15页。

[3]同上。

[4]范源廉:《在北京师范大学校长就职典礼上的演说》,《教育丛刊》,1924年第4卷第8集。

[5]蒋纯焦:《范源濂(廉)名考》,《人文论丛》,2019年第2期。

第一章 从湖湘寒门到教育改革家

1. 少年丧父，艰难生存

湖南，以湖为名。湖，指洞庭湖。洞庭，历史悠久，是春秋时期的地名，秦始皇统一六国后，设立了长沙郡。最先有"湖南"之名，是在唐朝。唐玄宗开元二十一年（733年），现在的湖南省分属山南东道、江南西道和黔中道、黔中道黔州都督府，到了唐代宗广德二年（764年）从江南西道划出一部分设置地方衙署，在衡州置湖南观察使，因地处洞庭湖以南，又称湖南道，全称湖南都团练守捉观察处置使。从而此在中国行政区划史上开始"湖南"之名。

元明时期，湖南属于湖广大行省，当时湖广大行省，北包括湖北，南包括两广，是一个非常大的地区。清康熙初年，觉得这个"湖"太大了，遂分开管理。洞庭湖以北为湖北，洞庭湖以南为湖南。

清代湖南就是今天湖南省的雏形，一直延续至今，政区边界也比较稳定。

宋代经济中心南移，长江水道取代黄河古道成为最大的货物运输途径。湖南地处长江以南，境内长江支流密布、河湖众多、湿地广布，湘潭、湘乡、湘阴都有水脉贯穿，沅江、湘江、资江、澧水都注入了洞庭湖。三湘四水孕育了无比肥沃的土地，清代初年，洞庭湖是我国的第一大淡水湖，以洞庭湖两岸为中心的湖广行省是当时最大的商品粮基地，因而早就有了"湖广熟，天下足"的美誉。

湖南是个物华天宝、人杰地灵的地方。从自然地理环境来看，湖南是一个内陆省，位于中国中南部，北有长江、洞庭湖，地势平坦，一般在海拔 45 米以下，河湖交错，水源丰富，与湖北接界；东有连云山、八面山，海拔在 1600—2042 米之间，与江西为邻；南部则五岭透迤，海拔多在 1000 米以上，大多为丘陵地区，与广东、广西相连；西部是高原地带，主要有雪峰、五陵等山脉，海拔在 1500 米左右，与贵州、四川接界。可见，古代的湖南与外省的交往非常困难，处于一种半隔离、半封闭的状态。这种自然条件，更易造就此地居民刚强、质朴、保守的性格。近代革命先驱宋教仁说："湖南之民族，坚强忍耐，富于敢死排外性质之民族。"因此，湖南人才的性格，大多霸蛮、勇悍、坚毅、梗朴，具有卓厉敢死、不屈不挠的顽强精神。当年曾国藩组建的湘军，吃苦耐劳、骁勇善战，成为清军的主力，鼎盛时期兵力达五十多万人，因此出现了"无湘不成军"的说法。再延伸开来，历史上早有"惟楚有才，于斯为盛"之说。形容近代湖南英雄辈出的，还有一句话：一群湖南人，半部近代史。

为什么这么说呢？湖南、湖北分省后，湖南教育资源一度相当稀缺，以致于建省之后湖南举子一度仍需前往湖北武昌参加考试。直到雍正二年（1724 年），湖南才终于举行了有史以来的首次本土乡试。可想而知，在这样的状态下，湖南考生中进士者也不会太多。

晚清"第一人才"、封疆大吏陶澍在编辑儒林、文苑列传时感叹道："湖南除王夫之外得入者寥寥。"然而，近现代以来，湖南却迎来了人才辈出的时代。《中国历代名人词典》一共收录鸦片战争以前的古代名人 3005 人，其中湖南籍仅有 23 人，占 0.77%。鸦片战争以后的近代名人共有 750 人，其中湖南 85 人，占 11.33%。可以说，湖南在近代出现了人才井喷的现象。中国近代史上湖南籍人才对中国的政治、军事、文化等各个领域均形成了巨大影响，故而中国史学界才有这样一种说法："一群湖南人，半部近代史"。

在这些湖南人群像中，就有湘阴人范源廉。这位出生于清光绪二年（1876 年）的名士，日后在中国近代教育史和慈善史上留下了影响深远的一笔。

湘阴，范源廉的故乡，得名于"湘水之阴"，是一个位于洞庭湖南岸的小县城。它与汨罗、益阳、长沙等地相邻，是洞庭湖平原的"鱼米之乡"。汇聚 1300 余条支流、一江碧水北上奔流的湘江从此穿过，这里交通便利，物产富饶，土地肥沃，可耕地非常多，自古以来农业经济发达，尤其是稻米和渔业生产，在全国有名。所以湘阴从古至今，不仅人口较多，人才也多，它一直是湖南人才的聚集地。

湘阴历史悠久，早在新石器时代便有先民生息繁衍，其建县史可追溯至南朝宋元徽二年（474 年）。湘阴处于洞庭湖南北交通的孔道上，地理位置优越，思想文化交流频繁，因此孕育培养出一批具有重要历史地位的人物，堪称地灵人杰。具体到文化领域，如"中华诗

范源廉

祖"屈原便曾在湘阴活动，最后将生命留在了与湘阴相邻的汨罗，"路漫漫其修远兮，吾将上下而求索"的精神，体现了他不畏艰难险阻、不惧时境变迁，决意探索真理的坚韧之志；千年学府岳麓书院的首任山长周式便是湘阴人；在政界，明朝户部尚书夏元吉、晚清名臣左宗棠、外交家郭嵩焘等历史人物都是湘阴人。这些前辈乡贤的生平事迹，对幼年时期的范源廉产生了深刻的影响。

范源廉出生时，晚清洋务运动正臻于鼎盛。在"自强"的旗号下，北洋、南洋水师等近代海军相继建成，江南制造总局、福州船政局等一批军工企业也陆续开办；在"求富"的宣传中，轮船、铁路、电报、邮政、采矿、纺织等近现代产业纷纷发展。为了开眼看世界，师夷长技以自强，清廷又开办了京师同文馆、福州船政学堂、天津电报学堂等专业人才培养学校，并派遣幼童赴欧美留学。一时间，社会气象为之一新，颇有自强中兴的势头。

然而，洋务运动的主持者，如曾国藩、左宗棠等虽为湖湘名士，

岳阳市湘阴县范源廉故居俯瞰

也是洋务运动的中坚力量，但在湖南，洋务运动并没有取得长足的发展。与邻省湖北相比，洋务发展程度有天壤之别。究其原因，主要在于地境不安。太平军起义失败后，仍有部分残余部队在湖南、贵州一带坚持作战，而且由于湘黔地区的少数民族屡屡发动起义，当时的湖南可谓是四战之地，民生凋敝。

就家庭而论，范源廉并非出身名门大族。他祖父曾任当时直隶大兴县知县，为官清廉，晚年息影林泉。父名琛，字彦瑜，体质羸弱，以教书为业，是个好学不倦的彬彬儒者。母谢氏，勤劳贤良之妇。这样的家境在当时当地算是小康之家。这一点从范源廉、范旭东的故居中可以窥得蛛丝马迹。

走进湘阴县文星街道三井头社区十字街的范源廉故居，仿佛一场时空穿越。这座晚清建筑在 2021 年被岳阳市政府纳为第三批不可移动文物。它由两栋坐西朝东的建筑合体建成，典型的砖木硬山搁檩结构，两坡水小青瓦屋面，两山马头墙。在现代建筑林立的旧街，这栋

岳阳市湘阴县范源廉故居

古朴的建筑历经沧桑，显得更为别致。尽管主楼墙体的天空蓝色墙漆褪去，斑驳的木门换成铁门，铁门在时光的风霜中变得锈迹斑斑，马头墙也因年久泛黑，但依然掩饰不了它曾经的荣光。这样的建筑在晚清时期至少也是小康之家才能拥有。可以想象，在范源廉孩童时期，他是过得衣食无忧的。再加上祖父、父亲的职业，他家称得上是书香门第，在良好家教氛围熏陶下，范源廉从小就被种下了教育的种子。

然而，就在1889年，天灾人祸接踵而至，打破了范家的平静。年仅14岁的范源廉饱尝家道中落、命运颠沛之苦。当年湖南大旱，长沙、湘阴一带大地干裂、颗粒无收，缺粮断炊者不计其数，饿殍遍野。范源廉的祖父、父亲相继去世，家道随即一落千丈，赤贫如洗。既无祖上遗产，又无亲朋相助，这个小康之家几近陷于灭顶之灾。范家后生除了范源廉，还有他的胞弟范源让（后改名为范旭东，为著名的民族企业家，后文有详述）。如何拉扯两个幼子成人，成为寡母谢氏的重大难题。经再三思量，谢氏带着两名幼子前往省城长沙，寻求慈善机构保节堂的帮助，依靠慈善救济和纺织为生。

保节堂是晚清在上海、长沙等大中城市中广泛存在的官办民济的诸多慈善机构之一。保节堂，顾名思义，设立的目的是为了保全妇女的贞洁，主要救济对象为寡妇和老妇，使之有安身之所、存活之道，不至于流落街头困顿而死。该慈善机构创建于道光年间，定额在150人左右，每人每年由政府资助7000文作为生活经费。太平军起义爆发后，湖南饱受兵燹之害。在清廷平定太平天国的战争中，湘军子弟战死沙场者众，长沙城内孤苦无依的孀妇骤然增多。为抚恤人心，安稳后方，在曾国藩、曾国荃的运作督促下，长沙城内先后成立了全节堂、励节堂等慈善机构，以作收容之用。

在乡贤和乡邦文化的表率之下，长沙城内的慈善事业蔚然成风，如曾国荃设立的恤无告堂，每年的经费是田租2149石，全部由乡绅筹捐，更有大商人朱昌琳和魏鹤林举家投身慈善的壮举。正是在这种环境下，保节堂的生活虽然清苦，但范源廉母子三人不仅得以存活，还深切感受到乡情乡谊的温暖。今天，在位于长沙市开福区的保节堂旧址，已经建立起湖南省中医药大学附属第二医院，继续发挥着治病救人的作用，而这里亦曾是历代祭祀医圣张仲景的祠堂旧址，左邻一代民族英雄辛弃疾屯兵营地。

回看范家兄弟热衷慈善的一生，或许正与少年时代这段依靠慈善生存成长的经历有关。毕竟在这里，他们亲身经历了贫困者的无助艰难，也亲眼得见，并受惠于有识有德之士"以济人利物为己任""善行不可枚举"的光辉人格。

在保节堂，范源廉一家的生活十分清苦，日用饮食全靠母亲谢氏做针线活和范源廉给人打零工维持。在饥寒交迫的生活中，母亲始终没有放弃对孩子学业的培养，她白天让范源廉跟舅父读书，入夜自己做针线活，又把他叫到灯前督促诵读。范旭东则跟着姑母学《诗经》《左传》。兄弟俩学习都十分刻苦用功。由于母亲家教甚严，兄弟俩从小养成了坚毅不挠的个性。

1893 年，18 岁的范源廉在舅父的资助下，进入清泉学校读书。由于茹苦好学，两年后毕业时，范源廉已略能贯通经史文辞之学，于是回乡谋得了一个塾师的职位，承担起了养母教弟的责任，这一干就是五年。

从后来范源廉的选择来看，此时的他虽然身在民间，堪称寒士，但对时局危难和国家存亡亦有所留心思虑，他曾说道："国弱家贫更增益其困心衡虑。"殊为可贵，但范源廉并没有选择科举求官的俗路，而是"卓然思有以自立，不为时俗科名之见所没"[1]。

2. 孜孜求学，立志报国

范源廉出生那年，即清光绪二年（1876 年），清政府对外接连遭受两次鸦片战争打击，国内又历经太平天国运动，统治基础已摇摇欲坠。镇压太平天国运动后，奕䜣、曾国藩、李鸿章等自强派官员发起"洋务运动"，试图复兴清朝统治，但仍旧改变不了中国积贫积弱的现实，这也使有志之士感到悲观和失望。甲午中日战争以清政府惨败结束，又标志着轰轰烈烈的洋务运动彻底失败。

甲午战争的失败给清廷官员带来了极大的震撼，同时也刺激了一批有志之士寻求变革的决心。朝野间关于变革传统选官和人才培养模式的呼声日益高涨。如时任陕甘总督的陶模于 1895 年 6 月上《培养人才疏》，强调人才是国家强弱的标志，建议大力培养人才。[2] 这一时期，学洋务的学生必须"同试诗文"后，方可参加各种西方课程的学习。这些因循守旧的规矩，显然不利于新学的推广，大部分学生没办法直接接受新学教育。清廷迫于巨大的国内、国际压力，为稳定朝野情绪，不得不做出一系列顺应民意的改革。中国传统的学校教育多为科举之附庸，故清廷关于科举的改革，无疑也包含了人才培养方式的改革。从这个意义上讲，陶模的建议，标志着议改科举事件进入到新阶段。

甲午战后，时局愈加艰难和诡谲，去除形式主义的务虚之风和奢华之风，倡导实用风气的学风，逐渐成为有识之士和改革人士的共识。如 1895 年 7 月，文廷式与皮锡瑞在江西开办了一个以教授"有用"学识为目标的格致书院。[3] 次年，李端棻在《请推广学校以励人才折》中，奏请于京师、省府州县都开设学堂 [4]；顺天府尹胡燏棻也提出，为求得人才，需要舍弃传统教学模式，应当先将省会书院按条件合并裁撤，改为各类西式学堂，而后几年间逐渐将全国各州府县的所有书院都改成学堂，以达到"求经济匡世之材"[5] 的效果。与之类似，稍微温和一点的改革措施，是山西巡抚胡聘之等的上奏。他们希望书院能够变通章程，增加天算、格致等课程。[6]

对此，清廷也作出了积极回应。1896 年 8 月至 9 月间，总理衙门提出请各省督抚酌拟办法，允许其对辖下书院进行改革。至 1898 年 6 月，以康有为、梁启超为首的改革派开始通过光绪皇帝兴起了轰轰烈烈学习西方的维新变法。这场变法主要是希望通过改革政治制度和完善教育制度为主线，逐渐形成倡导西方文化、普及科学文化的风气，进而对工农商等全社会进行改良。

而范源廉的家乡湖南，自镇压太平天国始，由曾国藩等整合各地团练而成的湘军，逐渐在晚清政坛上占据重要地位，成为湖南人的骄傲。甲午战争中吴大澂率领的湘军惨败，被视为湖南人的奇耻大辱。1894 年中日甲午战争爆发时，吴大澂正在湖南巡抚任内。面对日本侵略者的嚣张气焰，一贯坚持主战而又以"知兵"自誉的吴大澂基于爱国义愤，"自请赴敌"，连续电奏清廷，要求"统率湘军赴朝督战"。日军侵入辽东后，吴大澂命督师出关，结果却是在辽东前线一败再败，不仅丧师失地，给战争全局带来灾难，也使自己身败名裂，遗羞后世。吴大澂率师回湘后，一病不起，手谕岳麓、城南、求忠三书院诸生卧薪尝胆，发愤图强，以雪奇耻。同时召集省中有志之士筹划自强之道，大家认为要自强，首在培养人才，奖励学术。吴大澂等人将省中招贤馆改为求贤书馆，教学以中西学术并重。其中，中学以宋、元、明理学为主，史、地、盐、漕、兵刑、水利为辅；西学以英文、算学为主，声、光、电、化诸学为辅。

故宫博物院藏有吴大澂在长沙任职期间写给其表弟汪鸣銮[7]的信札 9 通，系 20 世纪 50 年代由国家文物局划拨故宫收藏。从吴氏信中所述来看，甲午前后的长沙地区存在诸多问题：政治方面，官僚系统因循守旧，腐败低效；经济方面，天灾频仍，普通百姓生计维艰；文化方面，士子埋头科举，以王先谦等为代表的士绅保守力量强大；对外方面，因洋人横行无度，民间对西洋教士存在误解，民、教矛盾频发。这既是长沙一地的情况，也是当时湖南地区乃至整个中国的通病。整个长沙社会死气沉沉，停滞不前，加上甲午败于日本带来的强烈刺激，一种求变求强的洪流即将从这里开始。

陈宝箴世家，四代出了五位杰出人物：陈宝箴、陈三立、陈衡恪、陈寅恪、陈封怀，后人称之为"陈氏五杰"

因为吴大澂率湘军远征受辱，甲午战争的失败对于湘人的刺激尤为强烈，在当地寻求变革的风气也因此更为盛行。这种风气，与京沪等全国中心城市中兴起的变法维新思想不谋而合。1895年，湖南迎来了一位具有改革思想的巡抚，他就是被誉为义宁"陈门五杰"之首的陈宝箴（另外四位分别是陈三立、陈衡恪、陈寅恪、陈封怀）。在他的引导和鼓励下，湖南的改革和维新运动更为激进和深入。与此同时，湖南士绅出于为本土实业宝善成机器制造公司培养人才的需要，也热情响应变法维新。

1897年秋，陈宝箴联合一些同样具有维新思想的重要官员和知识分子，包括黄遵宪、江标、谭嗣同和唐才常等人，在湖南创办了时务学堂。地址在长沙小东街刘权之旧宅，由著名慈善家熊希龄任学堂总理，维新思想家谭嗣同任学堂总监。同年10月，陈宝箴、熊希龄聘

·1897年，谭嗣同（左二）等在湖南创办时务学堂，图为该学堂部分教员

请梁启超任学堂的中文总教习。正如唐才质所回忆的，"当年主湘政者：巡抚陈宝箴、按察使黄遵宪、前后学使江标、徐仁铸等，皆有维新思想；所聘中文教习梁启超、韩文举、叶觉迈等亦皆有名学者"[8]。学生为全省各地考试选拔而来的优秀青少年，范源廉便是在此种背景之下进入长沙时务学堂学习的。

在当时的政局下，梁启超等人富于进取、学识渊博，在时务学堂登高一呼，传播与传统文化完全不同的价值标准、观念、思维方式和行为规范，在中国近代启蒙运动的早期，无疑具有开启民智、振聋发聩的作用，影响了近代中国几代知识分子。

长沙时务学堂是湖南大学的前身之一。故址位于长沙市开福区三贵街29号。三贵街是长沙有名的老街，处于长沙市开福区中山路北侧，紧邻北正街、潮宗街等老街巷。相传三贵街的得名与清乾嘉时期

长沙时务学堂旧址

从长沙走出的宰相刘权之有关，因为该街道紧邻当年刘府的东侧。据说，刘家三兄弟都曾为官，因此这条街被命名为三贵街。三贵街默默经历长沙的变迁，以无声的言语诉说着自己的故事。

1938年，时务学堂毁于长沙"文夕大火"，后来在故址上建起了天倪庐。它深处闹市，爬山虎掩映，绿树成荫，红墙琉璃瓦点缀，可从院落看到隔壁的高楼。在天倪庐院落里，设有天倪堂、思默堂、时务学堂故址陈列室和住宅等。天倪庐大门的门楣上，悬挂着著名词学家夏承焘手书的大字。虽然时务学堂建筑不复存在，但天倪庐院内随处可见时务学堂的痕迹。院内有梁启超亲笔题写的"时务学堂故址"的碑坊，有李淑一的父亲李肖聃所书的"时务学堂题记"，有李况松所作的跋，有陈云章所作的题记，四块碑文一溜排开，古朴厚重，显示着历史的文雅与辉煌。

位于长沙天倪庐内的时务学堂故址陈列室

据《湘报》记载，时务学堂前后招考三次：1897年9月24日第一次考试，取录学生40名；1898年3月22日第二次考试，取录内课生30名，外课生18名，附课生7名；5月取录第三期学生，取录内课生46名，外课生52名，备送北洋学生10名。[9]前后三批，时务学堂合内、外、附课诸生共计203名，住堂肄业者116人。[10]范源廉便是参加的第二期招考，从150名投考人中脱颖而出，被招为中文内课生。和首期招生的盛况不同，二、三期招考的时间安排在年假之后，这时候学堂的课卷和问答资料已经在社会上公开，有些思想较为保守的家长害怕民权、平等之说，对送子弟入时务学堂颇有疑虑。范源廉在此种情况下毅然投考。

所谓内课生，是指中西兼学者，用学堂之法教之；外课生专学中文不学西文，用书院之法教之。不过到后来录取的时候，他们之间的区别主要取决于考试成绩和年龄。年龄最小、成绩最好的为内课生，次之为外课生，再次之为附课生，待遇也有所不同，如外课生和附课生不提供住宿，亦没有膏火津贴。虽然"凡外课、附课学生呈札记待问格者，一律批答"，但外课生、附课生每日上呈的札记和待问格仅一条，而内课生可呈两条，他们也不能随时听讲，只能逢总教习讲课时方可赴学堂听讲。但如果功课精进、年例相符，外课生也可升为内课生，附课生可升外课生，并最终升内课生。而内课生若功课不进，亦会被降为外课生或附课生。[11]范源廉投考时年龄偏大，但仍被录取为内课生且排名靠前，可见其成绩极佳。

时务学堂的办学性质决定了它的教学方式、课程设置和教学内容都有别于旧式官学和书院教育。学堂主张以天下为己任，明确反对科举教育，要求"通古今，达中外"，中西兼习；以立志、养心、治身、读书、穷理、学文、乐群、摄生、经世、传教为教育方针。由湖南巡抚陈宝箴亲自发布的《时务学堂招考示》显示：

> 查泰西各学，均有精微，而取彼之长，补我之短，必以中学为根本。惟所贵者不在务博贪多，而在修身致用，诸生入学三四年后，中学既明，西文习熟，即由本部院考选数十名，支发川资，或咨送京师大学堂练习专门学问，考取文凭；或咨送外洋各国，分往水师、武备、化学、农学、矿学、商学、制造等学堂肄业，俟确有专长，即分别擢用。其上者宣力国家，进身不止一途；次者亦得派充使馆翻译、随员及南北洋海军、陆军、船政、制造各局帮办；即有愿由正途出身者，且可作为生监，一体乡试。[12]

可见，时务学堂一开始就有开设西学和支持学生出国留学的安排，出国后主修的专业多为水师、武备、化学等应用性极强的学科，学成后的出路也多为翻译、船政、制造局帮办等。这份告示于今日看来亦具有非常之吸引力。避开了千军万马过独木桥的科举考试，时务学堂的优秀毕业生可保送当时国家的最高学府——京师大学堂，或公费出国留学，最差也可保证派充国家机构或国家企业的工作人员。如此优厚的工作分配制度吸引了不少湖湘学子，第一批招生即吸引了4000人前来报名。最终录取40名学生。录取率之低，可谓真正的百里挑一，即使博学如章士钊也未能考中，被时务学堂拒之门外。

学堂的学习内容分为溥通学（即普通学）和专门学两种。普通学分经学、诸子学、公理学、中外史志及格算诸学之粗浅者四门，要求学生人人通习，类似于现代学校的公共必修课。专门学则分公法学、掌故学、格算学三门，学生可任选一门修习，类似于现在的专业课。入学的学生，需要先学习六个月的普通学，然后在专门学中选取一门或者多门继续学习。但无论哪种学习，都需要将《春秋公羊传》和《孟子》中的微言大义反复研究，再与国外的法律进行比对，以求改造取用，其目的仍旧在中西结合后，为维新变法提供理论上的主张和依据。学习内容中既有传统经典，又有广博的科学知识和法律知识，可见当时时务学堂在教育领域的创新与领先地位。

范源廉进入时务学堂学习时23岁，正当意气风发的年纪，他是勇敢有为、极有主见的青年知识分子。在时务学堂的学习过程中，范源廉渐渐不满足于只通过书本知识了解域外，转而萌生了亲自去东西洋诸国考察的心思。范源廉或许是天生的教育人才，他并没有如《时务学堂招考示》中倡导的，专注于了解国外的坚船利炮等军事技术，而是将眼界心思着力于当时的官僚们尚未关注的教育之上。在后来人的追忆中，范源廉曾不止一次感慨：曾（国藩）、左（宗棠）、沈（葆桢）、李（鸿章）诸贤达均曾派选聪颖士子出洋，然唯船坚炮利是求，于自强之根本，均未之措意，吾安得一游东西洋各国，考察其教育普及之法，而建议于国家，以改善科学教育之空疏乎？[13]

在当时的情况下，范源廉能够敏锐地认识到，改革仅靠少数人的呼吁，成功之难，难于上青天，必须普及科学教育，以开国民之智，可谓见识卓远。

时务学堂是戊戌变法的直接产物。虽然从成立到被取缔仅仅只有不到一年时间，但其处在"三千年未有之大变局"的历史夹缝中的背景，却决定了其成为湖南从传统守旧转变为激进开放的关键力量之一。时务学堂开办时所面临的新旧之争与近代思想裂变是一场激烈的恶战，之后的自立军起义、护国战争更是在其直接影响下的重大政治军事事件。在这座湖南大学的前身学堂，产生了近代史上激烈的思想碰撞，更点燃了从维新变法到辛亥革命的火光。

时至今日，长沙三贵街的这座被爬山虎掩映的小院，依然被后人所铭记。不光是因其间有着梁启超、谭嗣同、熊希龄、唐才常等名师之会聚，亦不仅因其培养出了蔡锷、林圭、杨树达、范源廉、李炳寰等青年才俊，薪火相传。它见证了学堂师生的情深义重与生死之交，也见证了湖湘近代化历程中最为艰辛的历程，它更是一代人革故鼎新的教育理想。

虽然从诞生到更名仅仅存在了一年，但时务学堂却培养了蔡锷、范源廉、杨树达等一批杰出的人才。从时务学堂的经验中，我们可以看到，在创建世界一流大学的新征程中，当代中国高等教育体系的构建，不仅需要建立在深厚的中国优秀文化传统基础上，也需要广泛吸收域外的经验，促进中华优秀教育文化传统向现代化转化，使现代中国大学呈现出卓越的中国气派、世界眼光。

3. 东渡日本，潜心教育

正当范源廉在时务学堂如饥似渴地学习，与同学师长纵论天下大事时，湖南的维新环境也悄然发生变化。

当时，梁启超等人通过课程内容大力传播维新思想，其中不乏激进言论，如去跪拜、变服饰、兴民权、开议院、推重"素王"孔子，借助五经、诸子大义阐发民权思想，甚至还通过《扬州十日记》宣扬种族革命精神，这远远超出了陈宝箴等预期的"中学为体，西学为用"的既定框架。

梁启超的文章，气势奔放、感情丰富、文质并茂，影响力极广。如《变法通议》，便是在 1896 年 8 月至 1899 年 1 月间陆续在《时务报》上发表的，这组文章以西方资产阶级进化论为武器，论证变法势在必行，强调变法是天下公理，变亦变，不变亦变，主动变法，权操诸己，可以救亡图存，否则亡国灭种；揭露封建专制制度的腐朽，抨击封建顽固派的因循守旧；主张变科举、立学校，培育新人；兴工艺争利，发展民族工商业；改革官制，实行君主立宪。据梁启超后来回忆，"盖当时吾之所以与诸生语者，非徒醉心民权，抑且于种族之感，言之未尝有讳也"。[14] 不过，由于当时学堂的封闭教学，纵有如此激进言论，外界尚鲜有人知晓。然而，至光绪二十四年（1898 年）春节时，学堂放假，学生携带自己作的札记和教习批答回家，学堂里的激进言论遂广泛流传开来,"于是全湘哗然"。长沙实学书局想趁机牟利,反将学堂的课艺搜集刊印。虽然当时熊希龄怕刊本广泛流传,授反对派以柄,主动追缴雕版并销毁,仍难以阻止事态扩大。

湖南巡抚陈宝箴不得不作出反应。陈宝箴虽然积极支持维新运动,但其维新思想与康、梁存在较大分歧,并不认可其激进言论。于是,陈宝箴调阅了时务学堂札记,责令查抄、销毁了板片、刻本,并严饬勿得再行印刷售卖。当时,湖南维新派在《湘报》和《湘学报》上的激进言论亦惊动了湖广总督张之洞。1898 年 5 月,张之洞致电陈宝箴、黄遵宪和学使徐仁铸,对二报大加指责,责令整顿。

与此同时,湖南维新运动的反对派王先谦、叶德辉等人也积极联络在京湘籍官员,状告陈宝箴"紊乱旧章,不守祖宗成法,恐将来有不轨情事"[15]。京师湖南官绅转请御史徐树铭弹劾前学政江标和现学使徐仁铸,叶德辉等人在本地呼应,诋毁南学会和《湘报》,还几次致信南学会主讲皮锡瑞,逼劝其离湘。南学分会会长樊椎也在 6 月初被驱离。6 月中旬,陈宝箴亦被湘籍御史黄钧隆弹劾,但此时光绪帝正锐意维新,不仅未予处置,反对陈宝箴示以嘉奖。湘中反对派当然心存不甘。6 月底,岳麓书院学生宾凤阳、杨宣霖、彭祖年等联名上书其山长王先谦,以维护名教纲常、忠孝节义为名,举报熊希龄、梁启超等人,将湖南新政的斗争公开化。

陈宝箴迫于各方压力,不得不选择妥协。他采纳王先谦早前的建议,以黄遵宪接替熊希龄的时务学堂总理之职,以示退让。但王先谦接到投书后,仍联络张祖同、叶德辉等十人,于 7 月 10 日联名向陈宝箴呈递《湘绅公呈》,向以梁启超为首的时务学堂发起总攻,要求更换教习、整顿学堂。陈宝箴为缓和矛盾,同意学堂三名分教习辞职。随后，湖南维新运动的重要阵地《湘报》也历经停办、改组风波，性质大变，熊希龄被迫离开报馆。

因此，至 1898 年 8 月，湖南的维新派阵营事实上已经瓦解，"许多维新派人士都被迫先后离开了湖南，如皮锡瑞、樊椎及湖南时务学堂的诸教习等；有的则奉旨应召去了北京，如黄遵宪、谭嗣同等"，"湖南的各项新政亦次第停顿，如南学会早已停讲，《湘报》业已改组，《湘学报》与时务学堂虽仍存在，但已面目全非"。[16] 这便是梁启超所说的，"新旧之哄，起于湘而波动于京师"。[17]

1898 年 9 月 21 日，慈禧太后发动政变，轰轰烈烈的戊戌维新在持续了 103 天后便宣告失败。维新诸般举措也纷纷被废止，长沙时务学堂亦在停办之列。何去何从，成为范源廉不得不面对的重大人生问题。可以说，在时务学堂学习的时日虽短，却是范源廉一生中极为关键的时期。在时务学堂，范源廉深受维新之风熏陶，眼界、心智、思想都得到极大的提升，还亲眼目睹、亲身经历了维新派与守旧派的激烈斗争。这些，对他今后的人生道路产生了重大影响。梁启超病逝后，湖湘鸿儒杨树达先生代时务学堂众弟子撰写的祭文中如是评论："惟我楚士，闻风激扬。乃兴黉舍，言储栋梁。礼延我师，自沪而湘。济济多士，如饥获粮。其诵维何？孟轲公羊。其教维何？革政救亡。士闻大义，心痛国创。拔剑击柱，踊跃如狂。"[18] 足见当时梁启超学说的影响之深。

戊戌变法失败后，前往日本继续追随梁启超，在时务学堂学子中逐渐成为潮流。

中国学子留学日本，在这之前，已经颇具规模。早在 1898 年 6 月，湖广总督张之洞将自撰的《劝学篇》晓喻各省，大倡留学日本：

出洋一年，胜于读西书五年，此赵营平百闻不如一见之说也。入外国学堂，一年胜于中国学堂三年，此孟子置之庄岳之说也……

日本小国耳，何兴之暴也。伊藤、山县、榎本、陆奥诸人，皆二十年前出洋之学生也。……至游学之国，西洋不如东洋。一、路近省费，可多遣。一、去华近，易考察。一、东文近于中文，易通晓。一、西书甚繁，凡西学不切要者，东人已删节而酌改之。中东情势风俗相近，易仿行，事半功倍，无过于此。[19]

与此同时，日本驻北京公使矢野文雄也向清政府提出建议，欢迎中国留学生赴日，"人数约以二百人为限"。御史杨深秀对张之洞的倡导深表赞同，他制订《游学日本章程》，上呈光绪帝。6月1日，军机处奉旨命令总理衙门奏陈具体方案。留学日本，几乎被视为一种国策。在这样一股风潮之下，留日学生日渐增多。据统计，1903年留日学生共1300人，1904年达到3000人，1905年春夏除去毕业回国者，也有2400人之多。

然而不幸的是，1898年9月戊戌政变前夕，时务学堂考取留学日本的七十余名学生的留学资格被悉数取消。康有为、梁启超逃亡海外，谭嗣同等戊戌六君子喋血菜市口，戊戌变法失败。随后，清廷清算了在湖南主持变法的陈宝箴、熊希龄等人，时务学堂也由湘中守旧人士接管，原有学生大多离开。范源廉赴日求学的计划受阻，但他的求学之心一直未曾熄灭。

张之洞《劝学篇》(局部)

光绪二十八年（1902 年）十月，在范源廉等人的推动下，时任湖南巡抚的俞廉三拟从本届乡试未录取的士子中选取一批有识之士远渡东洋留学，范源廉有幸被选中，并开启他首次赴日求学之旅。

当时赴日留学者多数是追随梁启超的，尤其是湖南的赴日学子。不过，梁启超在日本脱险后踪迹不明，且湖南相对消息闭塞，能够知晓海外情况的人少之又少，这给追随他赴日留学的人增加了困难。此外，清廷将戊戌变法所倡导的一些思想当成是禁忌。因此，湖南子弟能够冒险去留洋的寥寥可数。只有那些个性张扬且家庭愿意资助者才能够赴日留学，如李炳寰等数人。而范源廉家中贫苦，母亲对其赴日远行也不支持，这就使范源廉的首次东渡缺乏足够的经费，他郁郁寡欢，戚戚靡骋。

就在范源廉的留日梦即将破碎之时，安顿下来的梁启超传来消息，"诸（学）子但能东来习文字，数月便可译书卖稿"，并表示会予以资助。[20]范源廉闻讯后，便与同学秘密筹借差旅费用数十元东渡日本。为了能够征得母亲的同意，范源廉便以到其妻子的湖北老家看望岳父岳母为由离家。对于生长在内陆，从未有过远航经历的范源廉来说，赴日之旅非常艰难。他甚至连海水不宜饮用的基本常识都没有，居然用空铁罐系上长绳从船窗取海水以图解渴。他此前筹措的赴日路费在启程后不久便捉襟见肘。可想而知，这趟旅程是何等不易。

1902 年，范源廉几经波折最终成功抵达日本。经由梁启超介绍，他先到神户的某个私塾学习语文和普通科学。[21]在私塾期间，他学习异常刻苦，不出几个月，就已能如预期般翻译书报。译稿经梁启超润色修改后，沪上各大书店争相购买。这也使范源廉的留学费用有了着落，甚至还有一定的富余。除寄给母亲补贴家用外，他还主动资助困难同学，足见其仁爱之心。

据吴家驹回忆，他在 1902 年官费派赴日本学习期间，曾聆听范源廉的言论，认为范氏重视教育，"皆以世界局势、国际关系为立论之经纬"[22]。可见，范源廉的思想逐渐成熟，视野较往日更为开阔。

虽然在日本求学期间得到了梁启超的关照，但范源廉体弱多病，尤其在年少时患过咯血之疾，在长期的奔波和劳累之下，旧疾复发，呕血不止。梁启超送他到东京的一个医院救治，三个月后方才痊愈。在生病期间，范源廉仍不忘学习，并编辑明治维新诸元勋小史。他住院的医院紧挨着一所小学，可以经常看到学校里面天真烂漫的孩童活动，如游戏或演奏。这些对当时的他来说，都是颇为新奇的。

世间事，往往由对比出高低，进而激发变革之心。正是这段时间，范源濂看到日本自明治维新后，采用新式教育而有了一派欣欣向荣的景象。相比日本小学教育的生机勃勃，彼时的中国启蒙教育，则显得老气横秋；相比日本中高等教育的开明务实，彼时的中国科举教育，则仍旧陈腐落后。这些问题触动了范源濂的内心，也坚定了他办好教育的决心。

在日本留学期间，范源濂的政治主张也逐渐发生了变化。之所以会发生这样的变化，与对他有知遇之恩、救命之恩的梁启超的思想变化不无关系。自维新变法失败后，梁启超东渡日本，与坚持保皇的康有为渐行渐远。梁氏在日本横滨主编《清议报》，大肆批判慈禧太后的专制政府，宣传反满，并因此声名大振。随后，梁启超又与向来主张革命排满的孙中山紧密合作，思想上发生了重大转变，渐渐赞成革命。但是，远在新加坡的康有为知悉梁启超的转变后大怒，勒令梁前往檀香山办理保皇会事务。师命难违，虽然此时对孙文表达了"合作到底，至死不渝"的信念，但梁启超不得已赴檀。在 1900 年前后，梁启超"就政治思想而言，还没有完全突破康有为的框架，形成独立的观点"。[23] 即便如此，范源濂在日本接触到的梁启超，在思想上已经和湖南时务学堂时期的梁启超相差甚远了。

梁启超亡命日本后，在华侨邝汝磐和冯镜如于 1897 年创办的横滨大同学校出任文士，又在神户创办同文学校，招收华侨子弟，效果很好。1899 年夏秋之间，梁启超在郑席儒、曾卓轩等华侨的资助下，于东京设立了大同高等学校。关于这所学校创立的初衷，《东京高等大同学校公启》陈述了四条：

　　　　横滨学校开设既已经年，生徒精进，成就者不少。而地方有限，教师有限，未能多分班数。故当设高等学校，使高才生依次递升，则教者不易太劳，而学者亦易获益，此高等学校必宜设者一也。

神户及南洋、美洲各埠，学校相继踵设，其规模与横滨略同，一二年后卒业生徒，皆尚递进，不可无一校以容之，此高等学校之必宜设者二也。

政变以后，内地新设之学校，多就停废，其中生徒志士不少，半途弃置，殊可悼叹。今宜设一总区，选其英才，俾得卒业，此高等学校必宜设者三也。

内地俊秀子弟怀奇才抱远志，自备资斧游学海外者，不乏其人，此辈大率皆已通中国学问及寻常普通学问，必有专门高等学校乃能助其大，此高等学校之必宜设者四也。[24]

其中的第三条，便与范源廉有直接关系。该校学生主要来源于原时务学堂、横滨大同学校以及上海南洋公学三所学校。1899 年 9 月，选址在牛込区（今新宿区）东五轩町的东京大同高等学校正式开学。招收的 30 多名学生中，至少有 13 人是梁启超在湖南时务学堂的学生。除范源廉外，还有蔡锷（原名艮寅，字松坡，邵阳人）、秦力山（原名鼎彝，别名遁公、巩黄，字力山，长沙善化县人）、林圭（又名林锡圭，字述唐，湘阴人）、李炳寰（字虎村，又作虎生，慈利人）、田邦璿（字伯玑，又字均一，慈利人）、蔡钟浩（字树珊，武陵人）、周宏业（原名崇业，又名逵，字伯勋，湘乡人）、陈为益（字璞臣，郴州人）、朱茂芸（字菱溪，凤凰人）、李渭贤、唐才质（字华丞，浏阳人，唐才常三弟）、戴哲文（字骏友，号石屏，新化人）等。

前面已经提及，这段时期，梁启超在思想上日渐激进，一度与孙中山过从甚密。谭嗣同戊戌喋血后，唐才常辗转香港、新加坡、日本等处，广泛联络海外侨胞、留学生和外国友人，并先后联系康有为和孙中山，试图联合维新、革命两派发动武装起义。1899 年 5 月间，唐才常在日本横滨成立了自立会。9 月，差不多与东京大同高等学校开学同时，唐才常与林圭等人回国举事，图谋在湖北、安徽、湖南等地同时起兵，"保全中国自立之权，创造新自立国"，"请光绪帝复辟"。自立会以民间会党为基础，其大本营设在汉口。当时赴日的时务学堂学生几乎都积极参加了自立军起义，且在自立军七军中，林圭领中军，李炳寰为其副，秦力山领前军，田邦璿领后军，朱茂芸为右军副将[25]，占据重要地位，而蔡钟浩、周宏业、戴哲文、唐才质等也各有分工。因此，我们有理由相信，范源廉也主动参加了这次在中国近代史上影响重大的起义。

然而，在吴家驹撰写的回忆文字中，范源廉似乎有意撇清与自立军起义的关系。为方便分析，兹将原文抄录如下：

庚子（1900 年）夏六月，清廷因八国联军入京，北方大乱。南方志士唐才常等亦欲乘机袭取武汉，联络哥老会组织富有票会，以图起事。一时人心惊扰，全国骚然。先生既因太夫人叠命催归，又闻同学归国参加起义者声势甚振，亦欲回湘一观究竟，遂与李穆（宾四）君先后回国。于是，李虎村等正于汉皋某处赁一民居，颜曰"树德堂李"，密与唐氏谋响应。先生至汉，亦即寄寓某处，见唐、李等辈终日花天酒地，纵恣无度，资用不足，则以赝制银币肆意挥霍，心窃非之，且为之危，因乘夜向李进言，劝以镇静自敛，尤不能沉溺声色。诸少年素不善先生之学师范、讲教育，以为迂腐，而无当于革命，乃嗤之以鼻，谓孰能如尔师范之欲作圣贤而谈道学乎？于是，众大哗笑，有书"圣贤范源廉"五字于墙壁者，有以"范师范，糊涂旦；不知有汉，想吃教习饭；反说别人胡干，革命吓出一身汗"等等字句嘲之者。先生知不可与言，次日即乘小轮返湘归家省母。归不十日，而武汉事发，唐、李等均被捕，悬首薰街。先生谓余，是夕于李宅同宿者七人，数日之间彼六人皆枭首示众，至今思彼夕情状，犹令人心痛不已也。

武汉富有票之狱，先生未列名彼党，本为脱然无累，徒以李宅壁间有"圣贤范源廉"五字，官中捕役遂以哥匪中"圣贤二爷"之名目误判先生于第二。其报单曰匪首正龙头唐才常，其次圣贤范源廉，三当家李虎村等（湘鄂间哥匪之开山堂者，首领曰"龙头"，其次曰"圣贤二爷"，专管立章程、定赏罚；其三曰"当家三爷"，分司一切会务。"圣贤"位尊权重，必以较有名望为众匪所敬服者任之。曰圣贤者，盖仿桃园结义关圣言之也。——作者注）。鄂中官吏遂据以通电湘鄂各地，捕拿逸犯。[26]

在这段回忆中，吴家驹将范源廉从日本回国的最主要原因归结于母亲、夫人的多次催促，其次为听闻同学归国参加起义，"声势甚振"，亦想回去一窥究竟。但他抵达自立军在汉口的分舵"树德堂李"后，却对这次武装起义产生了怀疑。据吴家驹描述，范源廉发现唐才常、李炳寰等人虽有革命之目的，但无革命之精神和行动。这些江湖豪杰将革命和造反混为一谈，走的仍旧是大碗酒肉、大秤金银的老路子，终日花天酒地，纵恣无度，肆意挥霍。

吴家驹是湖南湘潭人，生于光绪七年（1881 年），比范源廉小五岁。二人订交于戊戌年，即 1898 年，既是同乡同学，后来也同在北洋政府共事。吴家驹也是留日学生，毕业于东京明治大学，曾任学部员外郎，后参与创办法政讲习所，又在尚志学会任教。两人相交三十年，所述当然是可靠的，但可能持有自己的立场。因为自立军以秘密会党为社会基础，带有浓厚的江湖色彩。据亲历者描述："汉口宝顺里楼上原有一间房屋设有香堂。每次开堂，室内灯烛辉煌，会党分子往来极多。在行礼时，头上插着野雉毛，足蹬着一只靴子，手舞足蹈，作着种种手势，口中并念念有词，将一只雄鸡一刀砍去鸡脑壳，沥血砍香。其中情形，今日想来真是奇形怪状，但当时并不觉得可笑，反而充满着严肃之气氛。当时差不多天天开堂，而每次开堂必砍鸡脑壳，所以我们在那里天天有鸡肉吃。"[27] 这其中的开堂仪式和天天吃鸡，在范源廉眼中，可不就是"花天酒地，纵恣无度"？而挥霍的"赝制银币"，可能是指当时自立会富有山堂发行的富有票。富有票又叫钱杏票子，是自立会的入会凭证。要获得富有票，需缴纳典钱一串以充军需，故而被认为是"赝制银币"。总之，范源廉亲临汉口后，对自立军举事能否成功应该是产生了动摇的，也曾予以劝说，吴家驹认为范源廉"未列名彼党"即没有参与自立军起义，只是被墙上的"圣贤"二字拖累却未必符合实情。

吴家驹将哥老会成员讽刺范源廉的"圣贤"解释为迂腐的老学究，而非哥老会中的二把手"圣贤二爷"，认为他列名在正龙头唐才常和当家李炳寰之间是被冤枉的。事实上，富有山堂体系颇为庞大，最上层有正龙头、副龙头，下有内八堂和外八堂。内八堂为总堂、座堂、陪堂、盟堂、礼堂、管事、值堂、刑堂，外八堂为心腹、圣贤、当家、红旗、光口、巡风、大满、幺满。唐才常并非正龙头，而是副龙头大爷；范源廉也绝非坐哥老会第二把交椅的大人物，仅在外八堂中列名圣贤。当时范源廉的师友康有为、梁启超、李渭贤等都在哥老会首领名单中占有一席之地，或核心，或边缘。因此，我们倾向于认为，和他的众位同学一样，范源廉事实上是真正参与了自立军起义的。

自立军起义失败后，清廷发下海捕文书，四处缉拿范源廉。不过此时，身在长沙的范源廉得知自己被通缉，并未惊慌失措，而是心生一计，与李穆一起，以前往南岳衡山进香为名，租赁小船，一路南下，成功避开了清廷的耳目。二人辗转进入广东，后抵达香港，再度奔赴日本。

此次回国，基于对会党"革命"不成熟、无主张的耳闻目睹，以及自身的惨痛经历，范源廉的思想主张再一次发生了变化，认为救国必须有真正的学识，不能仅仅靠一时意气和满腔热血。而以教育为己任，用教育救中国，改造国人的思想，也真正成为他的信仰和主张。从这个意义上讲，自立军成员讥讽他的"想吃教习饭"，是一种崇高的理想了。

自立军起义失败后，范源廉原时务学堂的同学林圭、李炳寰、田邦璇、蔡钟浩等壮烈牺牲，其他成员则有幸逃脱。这些幸存者中，秦力山、周宏业、朱茂芸、唐才质等，后来几乎都转向了激进革命，范源廉则再次确认了自己学习教育的志向。这一人生选择，在时务学堂一众留日学生中是较为少见的。虽然从 1900 年到 1904 年，在日本的留学青年，诸如黄兴、宋教仁等成立了华兴会等革命组织，但身为同乡的范源廉始终未曾参与其中。武汉富有票事件及自立军起义失败的刺激，恐怕是其中的重要原因。

1901 年秋，范源廉以优异的成绩考入东京高等师范学校，以期学习先进的、成体系的教育理念和教育制度。在东京高等师范学校，范源廉对日本教育和国家富强之间的关系进行了深入的考察和研究，对"教育乃国家生命之所存"的道理有了更为深刻的理解。若教育不行，民智不开，科技不兴，实业不振，则富强根本无从谈起；而义务教育是国家存亡盛衰之所在，普通教育乃振兴教育事业之关键；有科学、现代的小学教育，方有科学、现代的中学教育，才能培养出大批科学、现代的大学人才。此理念成为范源廉的毕生追求和事业目标。

4. 掌管学部，唯务革新

1905 年，在清末官员、进步名士严修的举荐下，范源廉回国后开始任清廷的学部主事，后升至参事。在此期间，他参与创办了清华学堂（清华大学前身），并在京师大学堂任教。1909 年，他又开设了殖边学堂。民国时期，范源廉三任教育总长，分别是 1912 年、1916 年、1920 年，期间也担任过一些其他职务。[28]1912 年，他担任北京政府教育次长，后任教育总长。1913 年辞职后，任中华书局总编辑。1916 年再任教育总长，并于次年发起组织中华职业教育社。1919 年，组织尚志学社。1920 年，第三次出任教育总长，当选南开大学董事、董事长。1923 年，任北京师范大学校长。1924 年，再任教育总长，但未就任。同年 9 月，从北京师范大学辞职，任中华教育文化基金委员会董事、董事长。1925 年 11 月，范源廉又出任国立京师图书馆委员会委员长，后曾代理馆长之职。范源廉短暂的一生与中国的教育发展密切相关，可以说是中国近代教育的缔造者之一。

早年在时务学堂学习之时，范源廉受梁启超等人变法维新思想的影响，就认为开民智需要发展教育。其后，在两次东渡和武汉蒙冤之后，这种观念更加深入："入时务学堂，时当戊戌春季，年甫二十二岁，已恍然于富强之道非开发民智不为功。民智之开，舍教育无他道……"[29] 实际上，经过多次中西对抗的失败，清政府也已经认识到开民智的重要性，并做出了一些行动。如在一些封疆大吏的启奏和海内外有识之士的请求下，清政府开始大量派遣学生出国留学，并于 1905 年废除科举制度，提倡新式教育。然而，在清政府派出的留学生中，能够通晓教育的少之又少。

1902 年，范源廉在严修来高等师范考察之时，借着为其做向导的机会，积极向他阐述教育的原理和各种普通学科与特殊学科的作用，指出日本的教育制度值得中国学习。严修等考察团的官员们听到范源廉的描述后，才意识到日本在兵工制造和科学等领域的发展状况已经远远超过了他们的认知，也开始产生了改变本国教育的想法。考察团回国后，开始大力提倡教育。同时，梁启超等人也在《清议报》《新民丛报》上发表文章，竞相阐释教育的重要性[30]，这些行动直接促成了清廷学部的设立。在学部的指导下，各省开始增设学校，发展新式教育，并派遣学生到国外学习。晚清的教育改革，虽未有范源廉的直接参与，但是他对严修等考察团成员的学术普及和专业建议起到了重要作用，所谓"当时风气之转移，即谓先生一人为之枢纽，非过誉也"[31]。

　　虽然清廷出于挽救统治的目的，派遣官员出国考察，但出洋的行为仍然不受待见。出国考察之人，被留学生所排斥和不容：考察之举不被认为是革命，反被指责为"汉奸、洋奴"所为。[32] 面对这种情况，范源廉开宗明义，晓之以理，多方奔走劝说，最终扭转了大部分留学生对出国考察人员的看法。因此，留学考察归国人员大多对范源廉敬佩有加，在遭遇各种状况时都愿意找范先生商议，或者恳请范源廉致信推荐。另外，尽管有严修等人的提倡，但南奔北走游说这些出国人员，仍旧是辛劳非凡之事。范源廉为了吸引更多的人才出国留学，花费了大量的时间和精力进行劝说。这也是他三次入日本高等师范学校，却未能如期毕业的主要原因。

　　关于选派出国留学人员的标准，范源廉自有其独到见解。以往清政府所派留学生多为幼童，从小在国外学习，受到西方社会生活的影响，在他们学成归来后，难以融入当时的中国社会。他们对国内的状况缺乏了解和经验，既不能说服老一辈的官员，也难以改变社会风尚，效果较差。对此，范源廉认为"应该挑选精通传统文化、社会上的知名人士以及散秩的官员出国留学，并开设速成班"。[33] 在他看来，这些人已有一定的学习基础，能主动争取留学资格的，在思想上也多少是认同清廷派遣留学生的初衷的。这样便于推行新政，也利于开展官民合作，更能带动社会风气。范源廉的观点，也被清政府的一些官员所赞同。是以，在范源廉的建议下，各省"学校林立，民智大开，宪政之要请，变法之主张，波起云涌，迥非昔日风气闭塞之旧矣"[34]。

　　在速成班刚设立时，留学同仁多有非议，革命志士也颇为鄙夷。范源廉力排众议，他从革命党的角度出发，指出"诸君谋革命不思转移政教之风气，其何以歆动社会之同情乎？且令军警大权皆操之满人，诸君一有举动，动遭逮捕，我思于警察、法庭、监狱之间，加入同学，施以改良，顾于诸君无所助耶？"[35] 尽管速成班中鱼龙混杂，有不少不学无术之人，但也培养出许多杰出人物，如黄兴就毕业于湖北速成师范班。还有民国各党中坚人物，如胡行鸿、汪兆铭（即汪精卫）、戴天仇、汤化龙辈，也都曾是速成班的学员。

1905 年（光绪三十一年），范源廉从日本回国后，在北京担任学部主事。这一阶段，他积极进行教育实践，创办了法律学校和殖边学堂。

1905 年 12 月 6 日，经过多方考量，清政府颁布皇帝命令，认为要做好教育，必须有一个专门的场所机构，于是设立了学部。[36] 学部成立后，荣庆为学部尚书，熙瑛和严修分别任左侍郎、右侍郎。学部下设 5 司 12 科，统管全国教育。学部的成立，具有重要的历史意义，这是中国近代教育史上第一个专门管理全国教育的中央机构。[37]

前面已经提及，学部正式设立前，由严修率领的考察团曾远赴日本进行了教育改革的考察，期间与范源廉交谈甚多，认真聆听了范氏的振兴全国教育以开启民智的计划。换言之，学部的设立，亦有范源廉的贡献。因此，严修担任学部右侍郎后，随即向荣庆和宝熙大力推荐范源廉，急召他回国。当时，范源廉尚未从东京高等师范学校毕业。日本东京高等师范学校校长嘉纳氏获悉消息后，力劝他回国，并授予其毕业证书。回国后，在严修的引荐下，范源廉受到荣庆和宝熙的接见。交谈时，两位官员见范源廉见解不凡，对他十分推崇。[38] 于是，荣庆上报清廷，授予其主事一职，分属于学部。这便是范源廉仕途生涯的起点。

范源廉到学部之后，便根据各部事务和职责分配，对教育事务进行了科学的划分，规定了各部的职责，对于各省提学的任命、各级各

清学部旧址

类学校的规程，以及教学人员的考核等内容，也都作了细致规划。要求严格，奖惩分明。凡是其力所能及之事，范源廉都不辞辛劳，身兼数职，以一人之力包办众多事务，他自称即使"在东京时，以一学生而兼三四速成班之通译事务，亦无如今日之繁忙"。[39] 足见其工作强度之大，工作内容之充实。

1909 年初，清政府外务部和学部派专员成立了游美学务处。游美学务处设总办和会办，其中总办由左丞周自齐兼任，会办由外务部的唐国安和学部员外范源廉出任。由三人全面负责遴选相关游学人员。1909 年 8 月，游美学务处在史家胡同进行公开招考，对全国 630 名候选人进行考试。这次考试，是废除科举制度后第一次全国性的考试，也是最难、最严的考试之一。在范源廉、唐国安等人的选拔下，秉志、梅贻琦等 47 人最终被录取。范源廉在学部担任主事时尽职尽责地勤奋工作。因此，仅三四年，他便由主事升员外，再升郎中，最后

1909 年第一批留美学生与游美学务处总办周自齐（前中）、会办唐国安（前右）和范源廉（前左）合影（图片来自清华大学校史馆）

官至参事。

范源廉不仅积极履行学部任职的责任，而且还将部分精力放在了社会事务上。其突出表现，就是他开办殖边学堂和筹建尚志会。

殖边学堂是清朝蒙古王公在北京设立的民族学校。1909 年（宣统元年）1 月 9 日，由在京蒙古王公发起创办。创办的契机，是因为日俄战争结束后，范源廉深感地处西北边陲的蒙藏地区交通、信息闭塞，遂与北京的各王公接洽，拟设学堂，培养新式蒙藏人才。这个主张很快得到了在京蒙古王公的赞同和支持，范源廉遂在辟才胡同租赁了一处宅院开办殖边学堂。[40]

殖边学堂设蒙古、卫藏两科，吸收蒙藏青年入学，学堂的学制为3 年。该校注重教授蒙藏语言文字和地理测绘等科学知识，同时兼授英文、俄文等外文课程，并且辅以外交、历史之常识课程。这些课程是非常多样的，能够满足当时学生之所需。进入中华民国后，殖边学堂改为蒙藏学院，后来法商学科得到重视，该学院又改为蒙藏法商学院。这个学院培养了诸多学生，尤其是为西北地区培养了不少专业人才。在之后的多年里，殖边学堂是全国唯一一所筹边人员学堂。殖边学堂的创建与实践反映出范源廉的高瞻远瞩，"其闳识孤怀，后人乃无一能继及之者"[41]。

除了殖边学堂，范源廉还组设了尚志学会。起初，尚志学会仅仅是一个湖南同学论学的读书会，名"求志学会"。学会以砥砺前行、锻炼身心为目标。为更好地利用此学会培养人才，范源廉在求志学会原有宗旨基础之上，重新拟订了章程，将其更名为"尚志学会"。学会以追求德育、体育和智育三事为目的。到 1909 年（宣统元年）冬，尚志学会已有会员百余人。于是开办学堂，设立尚志法政讲习所。之所以设立法政讲习所，是因为除了北京部办的国立法政学院外，还没有私立讲舍教授法政学问。范源廉认为，"国人无法政常识，权利义务之不明，公民资格之不够，如何其能成法治国也？"[42] 可见，其目的在于培养通晓法政常识、明确权利义务的现代公民，从而进一步建设法治国家。这种观念，在当时无疑是先进甚至超前的。

法政讲习所设立后，京中的一些有识之士都来此补习法政知识，多的时候达数百人，严修就常常来此听讲。受此影响，天津、保定的法政讲习所，也如雨后春笋般兴起。同时，讲习所的授课由范源廉与林宰平、程郁廷、王维白、刘耕石等人担任，听讲者不收任何学费，待到学成之后，颁发毕业证书。范源廉的这一不收学费的举措，带有一定的公益属性和慈善性质。这种行为，或许受到了日美考察经历的影响，也与他在长沙保节堂所形成的慈善思维不谋而合。

1910 年（宣统二年），范源廉又筹得资金数万元，将法政讲习所

约翰·杜威教授

升级为尚志法政专门学校。这是北京私立法校的开始。著名医学家施今墨也是尚志学会的会员。受范源廉影响，他在山西行医的同时，也在太原设立了尚志学会分会，并附设女学及小学校数所。1912年，梁启超担任尚志学会会长，进一步提升了尚志学会的知名度。这一阶段，尚志学会的资金较为充裕，还开设了尚志医院，以达讲求公共体育之精神。后来又成立编译部，由林宰平专门负责，翻译出版了东、西方著作数十种，名曰"尚志会丛书"。

在范源廉的重视下，尚志学会发展蒸蒸日上，开办医院、发行杂志、加强与欧美学术团体的交流。学会邀请了罗素、杜威、杜里舒、柏克森等诸多西方学者前来开办学术讲座。其中最值得一提的是，邀请当时最著名的美国哲学家、教育家约翰·杜威到中国开展讲座演说。

约翰·杜威（John Dewey, 1859—1952）是美国实用主义哲学家、

江苏教育厅欢迎杜威访华合影

教育家,20世纪西方教育史上颇有影响的代表人物。1919年4月30
日,这位被近代中国知识界誉为"美国教育大家""世界思想领袖"
的教育名家应邀来华讲学。在此后两年多的时间里,杜威的足迹遍及
中国江苏、直隶、山西、奉天、山东、浙江、湖南、湖北、江西、福
建、广东等10余个省,在华讲演多达200余场,共有78个题目,主
要涉及三个主题,即现代科学、民主与教育。杜威的讲学在中国各地
知识界、教育界产生了巨大的影响。

杜威来华讲学的邀请者之一是胡适,其"多研究些问题"的主
张,也正是来源于杜威的实用主义和改良主义。

五四运动风起云涌之际,杜威的到来成为了一种热潮、一种力
量,在中国思想界发生剧烈变化之际,他大谈科学、民主和教育;在

中国遭受列强侵凌的时候，杜威为中国向国际呐喊。杜威女儿在为杜威所撰的传记中，深情地写道："中国是杜威所深切关心的国家，仅次于他自己的国家。"一百年后回望这段历史，杜威影响了中国，中国也影响了杜威。这段文化交流，已经成了中美之间的"共同记忆"。

1921年，当时的国民政府教育部颁布了《教育体制改革法令》，遵循的就是杜威"发展儿童中心教育"的原则，其具体纲领也基本出自杜威的教育原理，如促进民主精神，推行生活教育，鼓励个性发展等。1922年，中国施行的学制改革，所采用的美国模式，小学6年，初中3年，高中3年，大学4年，及所提倡的设计教学、问题教学等教学方法，也体现了杜威教育思想。不过，正如杜威所说，"理想问题涉及到两个方面，政府和教育，好政府的前提是好教育，但是好教育的前提是有好政治"。当时中国内外交困，杜威可谓是不合时宜的先知，他们掀起的风潮，可能更多的是"一时时尚"。

在当时，邀请这么一位重量级人物到中国讲学绝非易事，其来华之经费，也是各方几经筹措。就在杜威于上海、杭州两地风风火火游历、讲演之时，五四运动爆发，哥伦比亚大学同意杜威留华又是"无薪俸的假"。杜威留华的费用，最后还是通过尚志学会发起人范源廉的建议和牵线，找到尚志学会、新学会和清华学校，以社会上的私人组织名义承担了。胡适告诉蔡元培："那时范静生先生到京，我同他商量，他极力主张用社会上私人的组织担任杜威的费用。后来他同尚志学会商定，担任六千元。林宗孟一系的人，也发起了一个'新学会'，筹款加入。我又和清华学校商量，由他们担任三千元。"[43]

范源廉对尚志学会寄予厚望，他曾勉励同仁："国运如此，如能人人以振兴中华为己任，勇往直前，只要一息尚存，矢志不变，中国

静生生物调查所

必有复兴之日，凡我同志勉乎哉！"[44]范源廉去世后，学会陷于停顿，后几经辗转，逐渐失去了往日风采。

范源廉去世近一年后，由管理美国第二次退还庚款的中华教育文化基金董事会与尚志学会及范旭东合办的民间科学机构——静生生物调查所，于 1928 年 10 月 1 日在北平成立，以纪念已故的"以提倡自然科学为职志"的范源廉。

生物学是中国近代兴起最早、取得成就最大的自然科学之一，在推动中国生物学兴起与繁荣的众多研究机构中，静生生物调查所无疑是贡献最大的机构之一。这家机构的创始人是著名生物学家秉志，他 1909 年考取第一届官费留学生，赴美国康奈尔大学农学院留学。1920 年回国后，秉志积极从事生物科学的教学、科研和组织领导工作。1921 年他在南京高等师范（次年改为东南大学，后改为中央大学）创建了我国第一个生物系，并根据中国情况，编写了教材。在从事教学工作的同时，1922 年他在南京创办了我国第一个生物学研究机构——中国科学社生物研究所。1928 年创办北平静生生物调查所，以研究动植物分类为主。

为积极推进既定学术目标，静生所先后与其他机关合作成立了庐山森林植物园与云南农林植物研究所，形成了中国近代规模最大的生

秉志

物学研究机构群，盛极一时，冠于国中。

　　静生所的学术取向旨在"继地质调查所之后，为全国动植物种类之清查"，它的工作内容主要是与科学社生物研究所等机构合作调查中国动植物之种类，并旁及植物生态学、木材学等领域。其间，它取得了一批非常有影响的、举世公认的科学成就，发现大量前人未知的物种，为清查本国生物基因，认清世界动植物分类体系所缺少的中国部分，揭示大自然生物多样性，做出了永载史册的贡献。当时，静生所不仅聚集了国内的许多杰出生物学家，而且培育了一批又一批优秀人才。它的两个创办者——秉志和胡先骕，为中国近代生物学的开山鼻祖。此外，它还推动了应用生物学研究的发展，以出色的工作为国家和社会创造了明显的经济效益。该所同时推动了生物学知识在中国的普及，1931年11月，它在原所址上设立了通俗博物馆，将所藏动植物标本、照片作长期展览，并时常更新展品，免费向社会开放，向社会推广生物学知识，宣传生物学的价值，藉以引起公众对生物学的兴趣，每年参观人数均在万人以上。

该所 1949 年 11 月被新成立的中国科学院接收改组，静生生物调查所完成它最终的使命。这也算是在用另一种方式继续范源廉未竟的教育事业吧。[45]

---

[1] 吴家驹:《追忆范静生先生》,《岳阳文史》第 9 辑, 湖南省岳阳印刷厂, 1995 年, 第 225 页。

[2] 其建议"专设算、艺二科, 钦派大臣特试, 仿照翻译举人进士之例, 不必兼试诗文, 庶专门名家, 各得自见"。详见麦仲华编:《皇朝经世文新编》卷 1 上, 台北:文海出版社, 1972 年, 第 26—28 页。

[3] 汪叔子编:《文廷式集》(下册), 北京:中华书局, 1993 年, 第 1499 页。

[4] 《军机处录副奏折全宗·文教类·学校项》, 北京:中国第一历史档案馆藏, 胶片号:537-24850。

[5] 中国史学会主编:《戊戌变法》(第 2 册), 上海:上海书店出版社、上海人民出版社, 2000 年, 第 289—290 页。

[6] 时务报馆编:《时务报》第 10 册,《请变通书院章程折》, 台北:文海出版社, 1987 年, 第 631 页。

[7] 汪鸣銮(1839—1907), 字柳门, 号郋亭, 浙江钱塘(今杭州)人, 世居苏州。同治四年(1865 年)进士, 先后任陕、甘、赣、鲁、粤学政。光绪十四年(1888 年)擢工部右侍郎, 光绪二十年(1894 年)七月, 任总理各国事务衙门大臣。光绪廿一年(1895 年)十月十七日, 在吏部右侍郎任上的汪鸣銮因与户部侍郎长麟一起上书直谏, 请光绪帝收回政权, 涉嫌"离间两宫", 被革职永不叙用。

[8] 唐才质:《湖南时务学堂略志》,《文史资料》湖南第二辑。转引自陈谷嘉、邓洪波主编:《中国书院史资料》, 杭州:浙江教育出版社, 1998 年, 第 2198 页。

[9] 参见郑大华主编:《湖南时务学堂研究》, 北京:民主与建设出版社, 2015 年, 第 105—110 页。

[10] 周秋光:《熊希龄传》, 北京:华文出版社, 2013 年, 第 89 页。

[11]《时务学堂更定章程》,《湘报》第 47 号, 北京: 中华书局, 2006 年, 第 388 页。《时务学堂第二期取准学生榜》,《湘报》第 37 号, 第 293 页。

[12]《时务学堂招考示》,《湘学新报》, 1897 年 9 月 17 日。

[13] 吴家驹:《追忆范静生先生》,《岳阳文史》第 9 辑, 湖南省岳阳印刷厂, 1995 年, 第 225 页。

[14] 丁文江、赵丰田:《梁启超年谱长编》, 上海: 上海人民出版社, 2009 年, 第 56 页。

[15] 中国史学会编:《戊戌变法》第 3 册, 上海: 上海人民出版社、上海书店, 2000 年, 第 379—380 页。

[16] 周秋光:《熊希龄传》, 北京: 百花文艺出版社, 2006 年, 第 123 页。

[17] 梁启超:《湖南时务学堂遗编序》, 收入湖南时务学堂; 邓洪波、彭世文校补:《湖南时务学堂遗编》, 长沙: 湖南大学出版社, 2017 年, 第 1 页。

[18] 杨树达:《时务学堂弟子公祭新会梁先生文》, 收入氏著:《积微居诗文钞》, 上海: 上海古籍出版社, 1986 年, 第 94 页。

[19] 张之洞:《劝学篇》, 收入苑书义、孙华峰、李秉义编:《张之洞全集》第 12 册, 石家庄: 河北人民出版社, 1998 年, 第 9704 页。

[20] 吴家驹:《追忆范静生先生》,《岳阳文史》第 9 辑, 湖南省岳阳印刷厂, 1995 年, 第 227 页。

[21] 同上。

[22] 同上。

[23] 李喜所、元青:《梁启超传》, 北京: 人民出版社, 1993 年, 第 134 页。

[24] 参见丁文江、赵丰田编:《梁启超年谱长编》, 第 120—121 页。

[25]《自立军现在之布置及其将来兵事》, 见唐才质:《唐才常烈士年谱》, 收入湖南省哲学社会科学研究所编:《唐才常集》(附录), 北京: 中华书局, 1980 年, 第 278 页。

[26] 吴家驹:《追忆范静生先生》,《岳阳文史》第 9 辑, 湖南省岳阳印刷厂, 1995 年, 第 228—229 页。

[27] 吴良愧:《自立会追忆记》, 见杜迈之、刘泱泱、李龙如编:《自立会史料》, 长沙: 岳麓书社, 1983 年, 第 99—100 页。

[28] 实际上范源廉是四任教育总长, 只是第四任并未赴任。参见刘寿林、万仁元、王玉文、孔庆泰编:《民国职官年表》, 北京: 中华书局, 1995 年, 第 39—40 页。

[29] 此 22 岁指周岁。吴家驹:《追忆范静生先生》,《岳阳文史》第 9 辑, 湖南省岳阳印刷厂, 1995 年, 第 226 页。

[30]同上书，第230—231页。

[31]同上书，第231页。

[32]同上。

[33]同上书，第230—231页。

[34]同上书，第232页。

[35]同上。

[36]朱寿鹏编、张静庐等校点:《光绪朝东华录》(五)，北京:中华书局，1958年，第5445页。

[37]关晓红:《晚清学部研究》，广州:广东教育出版社，2000年，第85页。

[38]吴家驹:《追忆范静生先生》，《岳阳文史》第9辑，湖南省岳阳印刷厂，1995年，第233页。

[39]同上。

[40]"辟才胡同"即"劈柴胡同"。吴家驹:《追忆范静生先生》，《岳阳文史》第9辑，湖南省岳阳印刷厂，1995年，第233页。

[41]同上书，第234页。

[42]同上。

[43]中国蔡元培研究会编:《蔡元培全集》第十卷，杭州:浙江教育出版社，1998年。转引自陈文彬:《邀请美国教育家杜威访华的台前幕后》，《兰州学刊》，2006年第7期。

[44]政协湖南省岳阳市委员会文史资料委员会编:《岳阳文史》第10辑，湖南省岳阳晚报出版印刷中心，1999年，第428页。

[45]参见姜玉平:《静生生物调查所成功的经验及启示》，《科学学研究》，2005年6月第23卷第3期。

第二章　为民国教育奠基的一等人物

1. 三任总长，宦海沉浮

清王朝被推翻后，中华民国成立。1912 年，蔡元培任中华民国教育总长，范源廉任其副手担任教育次长。但当时的南京临时政府百废待兴，政府机构大多为临时凑集。南北议和后，孙中山被迫辞去临时大总统之职，辛亥革命的果实被袁世凯窃取，历史进入北洋政府阶段。之后，袁世凯百般推脱，破坏《中华民国临时约法》，拒绝到南京就职。1912 年 3 月，唐绍仪组建内阁时，希望继续让德高望重、极负盛誉的蔡元培做新内阁的教育总长，原次长景耀月辞职，由范源廉接任。4 月初，南京临时政府的参议院议决政府迁往北京，教育部也随之北上。新兴的教育部承袭了前清学部的全部基业，连办公地点也在原学部（今北京西单南教育街路北）。重用范源廉这个前清学部参事留任官员，无疑有助于教育部事务的开展。然而，到 7 月下旬，由于袁世凯弄权，代表孙中山国民党的司法、教育、农林和工商四个非要害部门的总长集体辞职，蔡元培即在此列。因此，次长范源廉接任教育总长。但若将民国时期的官员粗暴地划分为新旧两派，简单认为范源廉是袁世凯支持的旧派势力，则有失公允。[1]

早在教育部决定北迁之初，蔡元培便产生了辞职的念头，他向唐绍仪举荐范源廉出任教育总长。消息传出后，范源廉立即致电唐绍仪，表示自己不能担任教育总长，并表达了希望蔡元培留任的意思。理由是教育总长需教育新民众，具有非常大的责任，而自己的才能和德行，难以胜任这一职位，蔡元培学贯中西，公众敬服，还是蔡元培就任教育总长更为合适。正所谓"作育新民，责任重大，自维才德，万不克胜"。[2] 在范源廉的极力坚持下，蔡元培最终考虑了他的真挚意见，决定留任教育总长。同时，出于对范源廉人格的欣赏和尊重，蔡元培希望范源廉能担任教育次长，辅助自己。

为了促使范源廉担任教育次长，蔡元培也是费尽心力，前后两次造访范源廉，表达希望他担任次长的意思。当时，范源廉和蔡元培属于互有矛盾的两个阵营，两人的身份是不适合形成共事关系的，外界也不看好二人能够合作。范源廉系清朝学部留任官员，早年虽也参加过自立军起义，但显然并非革命党人，他本人似乎也有意模糊这段经历，后来又是共和党员；而蔡元培是坚定的同盟会成员，他们的一些政见和立场难免相冲突。但是出于救亡图存和开展教育的考虑，蔡元培多次深情地对范源廉表达了教育乃是中国的百年大计，对未来的中国有重要的意义，发展教育事业不应该有个人的偏见，更不应该有党派的意见，现在正值国家教育的初始，急切需要像范源廉这样优秀的教育人才帮助。

国民党内部的一些成员认为蔡元培请出一位不同政见和信仰、不同党派的人担任教育次长，或有掣肘之忧。因此此提案在国民党内部并没有达成一致，始终处于争议之中。然而蔡元培主要考虑的是国家的发展和教育事业的发展，从国家的角度出发，教育是全国的教育，不应该有政党的偏见，所以他不顾反对意见，向范源廉提出了辅助自己的要求。他也是看中了范源廉也是同样会把国家利益放在第一位的人。正所谓"我之敢于向您提出这个要求，是相信您会看重国家的利益超过了党派的利益和个人的得失以上的"。[3] 心系教育的范源廉被蔡元培的坦诚所打动，应允出任教育次长，辅助蔡元培。

范源廉在担任教育次长期间，辅助蔡元培顺利接收清政府的学部。他多次实行教育改革，先后制定颁布了一系列重要的章程，比如《普通教育办法》《普通教育暂行课程标准》等，极大地推动了新式教育的发展。同时，范源廉和蔡元培分工合作，精诚协作，这在一定程度上保障了教育部工作的正常顺利开展。其中，蔡负责高等教育工作，而基础教育和职业教育由范负责。

1912 年 7 月，全国临时教育会议召开，范源廉等人出席会议，商议重新修订学制。范源廉在会上特意强调工业教育的重要性，指出要加强职业训练，提出"发挥国民固有精神"和"提倡个人职业独立"的见解。

尽管范、蔡二人彼此欣赏，通力合作，但在一些教育的具体问题上仍有较大分歧，其根源在于二人的教育理念不一致。这其中的重要表现就是关于普通教育与高等教育孰轻孰重的问题。范源廉强调基础教育的重要性，认为应有一个递进过程。第一步当先整顿小学。换言之，教育强国首先从基础教育抓起，要从小学教育和中学教育开始。与之相反，蔡元培则坚持强调高等教育对于救国救民的重要性，认为首要的一步，就是先把大学整顿好。最后两人把意见合起来——从小学到大学，都要整顿。这件事的争执，实质上都是希望发展教育、提高国民素质，只是具体实践措施各有侧重。因此，后来蔡元培回忆起这段往事，谈到 1919 年他在担任教育总长期间，偏于理想主义，而范源廉偏于现实主义，更注重实际，弥补了自己的短处，正所谓"以他所长，补我之短"[4]。蔡元培的回忆反映出两个人亲密的合作关系，也凸显出范源廉重实际的行事风格。

1912 年 7 月，也就是在全国临时教育会议期间，由于唐绍仪内阁倒台，蔡元培辞任教育总长，由范源廉担任代理总长。不久，陆徵祥组阁，范源廉正式就任教育总长。在担任教育总长期间，范源廉基本延续了蔡元培的教育思想，他说："蔡前总长对于整顿教育之办法，首重社会教育，盖共和国贵在从有普通之智识，本总长当接续进行。"后来，在教育部的大会上，他又郑重声明，教育的宗旨和如何进行教育的行政大纲，已经有蔡元培宣布或者作出的规定，他也会尊重这样的规定实行。[5]可见范源廉十分尊重蔡元培的教育主张，在临时教育会议上的发言中强调"发挥民国固有精神，提倡个人职业独立"[6]，表现出"蔡规范随"的主政意愿。

在范源廉担任教育总长期间，他十分重视制度的引领作用，积极制定了若干教育规章制度来实施自己的教育计划。这些制度涉及到教育的方方面面，包括规定了学制的《学制令》，针对小学教育的《小学校令》，针对中学教育的《中学校施行规则》，针对高等教育的《大学令》，以及针对女子教学的《女子学校章程》，针对师范教育的《师范学校令》和针对专科教育的《专门学校令》等。这些涉及教育方方面面的规章制度出台，较为系统地促进了教育的发展，极大地推动了全国各个省份积极筹办各类学校的热情，同时也促使商务印书馆和中华书局等出版社开始印刷新的教科书。此外，范源廉还非常重视法政教育、师范教育，也鼓励开办私人讲习所等教育机构，这使得职业教育也获得了较大的发展。一时间，女子教育、职业教育、小学教育、大学教育等各方面都获取得了一定的进展，教育事业呈现出欣欣向荣之势。

这期间，尽管范源廉和蔡元培不再是同事关系，但仍保持着紧密的联系。蔡元培辞职后，国内处于军阀混战阶段，政局动荡不安，民不聊生，他便起了去德国的念头。蔡元培计划去德国莱比锡大学担任教职，希望教育部帮忙物色两名合适的中国留学生帮助其进行世界文明史的研究。当时蔡元培的物质生活条件并不富裕，且拖家带口极为不便。于是他给范源廉写信，希望得到一个公费出国的名额。范源廉很快答应了这一请求，襄助蔡元培以公费名义去德国深造。1916年，范源廉又极力游说各方，举荐蔡元培为北大校长，并给尚在欧洲的蔡元培去电，敦请他回国赴任。

范源廉在教育总长任上并没有多久，就于1913年辞职。关于他首次辞职的原因，流传三种说法：其一是因病辞职，到天津休养。其二是教育经费不足，在批准教育总长范源廉呈请辞职文（中华民国元年十月十六日刊载）中记载："现在政务不能兴举，大率皆由于财政之困难。教育经费不足，以致各学校不能振兴，其咎并不当属之该总长，所请辞职，著毋庸议。"可见，经费不足也是他请辞的原因之一。其三是对当时政界不满，据吴家驹《追忆范静生先生》记载，当时政界对教育不甚了解，同时好使一些奸诈手段，贪污横行，铲除异己，这自然让公正廉明的范源廉"不善其所为，毅然去职"[7]。

上述三种说法均有可能，但归根结底是当时的环境，使范氏觉得在教育总长任上不能有效施展才华，故心生去意。范源廉辞职后，赴上海任中华书局编辑长。1915 年，袁世凯复辟帝制，其倒行逆施引起全国人民的不满。范源廉对袁世凯此项荒谬举动极为反感，于是与梁启超、蔡锷等人加入到反袁的队伍中，从事倒袁运动。1916 年，他就任护国军务院驻沪委员，投身反对袁世凯称帝的护国运动。护国战争结束后，段祺瑞改组内阁，任命范源廉为北洋政府教育总长兼内务总长。这是他第二次出任教育总长之职。

基于范源廉的人望和能力，段祺瑞完全掌控内阁后，希望他再次出任教育总长，成为新内阁的一员。对于此次任命，范源廉本想拒绝，但却最终选择接受该职务，重返政坛。原因在于范源廉认为内战刚刚停止，人民渴望和平和长治久安，这正是教育应该发挥作用的时机，所谓"人皆谓文教从可大振矣"[8]。

袁世凯上台之时，曾在文化教育领域掀起了一股尊孔读经的复古逆流，并指令教育部一切以孔子之言为旨归。范源廉就任之后，积极清除袁世凯复辟专制余毒，确立民主教育体制。他召开教育行政会议，撤销原"教育纲要"，重新制定并颁布了新的大学章程。这一版的大学章程，更加具有创新性，采纳西方大学体制专业性的优点，规定我国各大学应该按照专业进行分科。也正是这一版的大学章程，促使我国大学按照专业设立系所，使我国初步建立起了具有专业性质的近代大学教育体制。

1917 年 10 月，范源廉主张修正《国民学校令》，开始了对学制的改革。此次改革恢复了以前实行的单轨学制，继续贯彻民国元年出任教育次长时与蔡元培共同制定的教育改革方针。

在对待小学教育的读经问题上，范源廉与蔡元培一样，鉴于当时封建势力的复辟和反动，并不支持在小学阶段进行落后而陈腐的读经教育，[9]并将读经课改为修身课。在他的坚请之下，1917年5月，宪法审议会否决"定孔教为国教"，并撤销了《天坛宪法草案》中所定"以孔子之道为修身大本"的条文，恢复了民国元年的教育宗旨。这里还有一些插曲，康有为知悉此事后，"头痛目眩，舌挢手颤"。范源廉于长沙时务学堂时期曾师从梁启超，按辈分算是康有为的徒孙。康"万不意"此政令出自自己门下。他立即修书一封，向范阐述读经尊孔的必要性，此即《致教育总长范静生书》。在这封信中，康有为论证了为什么新式学堂的学生必须读经、为什么修身课并不能代替读经课等问题，并详细阐述了读经对于社会良好风俗的形成和民间自治的意义，希望范源廉能收回命令。

不过，现实并没有朝着康有为所设想的方向发展，新的教育体制在容纳新的科学知识的同时，也不断侵蚀着经学的神圣性和生存空间，最终使现代学校成为解构经学意义的场所。反思传统文化的潮流终成燎原。新文化运动以打倒孔家店、清算传统文化、开展新文学运动等为手段，开始整理国故、普及白话文等操作，促使经学进一步远离民众，沦为了史料化的文献材料。经学在制度层面失去支撑，在思想层面遭到怀疑和批判，进一步带动经学教育的解体。

此后，虽然民间的读经并未迅速消散，湘粤鲁冀察等地都曾推行读经活动，但在20世纪30年代以后，学校课程中的经学踪影逐渐消散；中小学教科书中经学所占比率逐渐降低，大学经学史和经学通论等课程也相继减少甚至被取消。经学开始被以西方治学方式重新整理研究，作为传统学术中心的经学被彻底摧毁。私塾及书院被迫改制或取缔，经学教学内容压缩。因战乱频仍，少数省份的读经活动也昙花一现，关于读经问题的讨论也逐渐淡出人们的视野。

蔡元培出任北京大学校长，与范源廉在任期内提供的帮助、鼓励和支持密不可分。1916 年 8 月，蔡元培尚在法国游学，范源廉特地致电，指出当前国内战争渐渐停止，事态得到平息，教育的紧迫性日渐凸显，而北京大学是国内最高学府，亟须一位贤明的领导者来主持。他夸赞蔡元培为人师表，冠绝古今，是海内外人士深深敬仰的典范，希望蔡元培早日回国，就任北京大学校长一职。[10]

函电所表达的意思和所蕴含的诚意，一如蔡元培当初邀范源廉出任教育次长，令蔡元培颇为感动，答应履职北京大学。数月之后，蔡元培急急忙忙地从海外回来。其实在正式任北京大学校长之前，不少亲朋好友劝蔡元培不要执掌北京大学，他们认为这是个"烫手山芋"。因为当时的北大饱受诟病，是个"臭虫窝""大染缸"。北大被视为官僚养成所，大多数学生都是京官及外官候选，只想混张文凭作为升官发财的敲门砖，很多学生课外吃喝嫖赌，生活作风腐朽。想要将这所军阀盘踞下的衙门式旧学堂改造为真正意义上的现代大学绝非易事。北大这种积弊的状态，几任校长都无能为力。而亲友劝慰他不接此任的最重要原因还是北大深受科举影响，有一种晚清末世的颓废学风，它仍然是传统的旧式大学，如若蔡元培执掌北大，做不好必然影响自己的声誉。

或许是范源廉函电中"国事渐平，教育宜急"的呼声打动了蔡元培，与他多年来教育救国的奋斗目标不谋而合。在蔡元培看来，这正

蔡元培北京大学校长任命状

是整顿北大教育的大好时机，北大如能整顿好，则其他大学的风气必可为之一振，进而达到引导整个社会风气良俗的目的。[11] 因此，蔡元培并未听从身边亲友的建议，最终接受范源廉的邀请，执掌了北京大学。

　　1917年1月4日，蔡元培入职北大。从此，北大这潭死水掀起了大波澜。蔡元培也开始了他一生最为辉煌和伟大的教育改革，书写了北京大学乃至中国文化思想界的崭新篇章。蔡元培在北大开风气之先，那时中国还没有完全洗尽科举制度的遗风，教育仍然被当作谋取官职的捷径，他不拘一格，广纳人才，开"学术"与"自由"之风。一方面坚持不看资格、出身，注重以成绩择优录取，使许多优秀青年得以进入北大；另一方面，他唯才是用，致力于引进新派学者，改变北大顽固守旧风气。随后，陈独秀带着《新青年》来了，胡适来了，刘半农来了，梁漱溟来了，周作人来了……一时间，北大汇集了当时最优秀的学术头脑。蔡元培引领群星璀璨的教授团提出"兼容并包"

蔡元培（左二）、胡适（右二）等人的合影

的学术思想，大刀阔斧地进行教育改革。在此，新旧思想得以碰撞激荡，如同星火擦亮茫茫黑夜。

蔡元培在留学德国时，发现德国的大学管理十分民主，学校不会因为校长的去留而出现教学秩序、教学质量的大波动，因为学校是由教授来管理的，校长和各学科长由教授会公选。

早在1912年，蔡元培起草颁布的《大学令》中就提出教授治校的相关内容，如第十六条提出："大学设评议会，以各科学长及各科教授互选若干人为会员，大学校长可随时召集评议会，自为议长。"

蔡元培来到北大当校长时，北大仍没有评议会，因为当时的教育部始终不允许成立。蔡元培据理力争，得到当局的同意。在北大的第一年，蔡元培就制定了《北京大学评议会规则》，组建了大学评议会，作为学校最高立法机关和权力机关，以让更多的教授议决立法方面的事。随后，北大评议会决定在北大各学科（系）设立教授会，规划各学科的工作。

蔡元培成功地革新了北大，他的办学理念深得高等教育界的认同和效仿。蔡元培之后的北大校长蒋梦麟，在任期间始终奉行蔡先生的办学理念和主张。清华大学校长梅贻琦在抗战后期筹划复校时重温蔡元培的经验，大力效仿。直至今日，蔡元培改革北大的往事仍被反复提起。

段祺瑞组建国务内阁后，一直与时任大总统的黎元洪分歧不断，史称"府院之争"。两人经常就一些外交问题争执不下，如在一战时对待德国的问题上，双方的矛盾已经趋于白热化。对两人的争执，范源廉支持段祺瑞对德国宣战的主张。不过范源廉并不属于府院中的任何一派，始终保持着中立和超然的态度，依据事实做出自己的判断并表达立场。如 1917 年 5 月，北京发生了一起围攻议会的事件，参与围攻的"公民团"不肯离去，后被军警武力强制驱散。段祺瑞这种强硬的态度和践踏律法的行为，让范源廉深感不满，身处其中的范源廉看到他们过多注重权力争夺。他认为"府院之争"属于黎元洪和段祺瑞交恶，是奸人与恶人的争斗，乱搞煽动动乱，军人干政，结党营私。[12] 在这种状况下，范源廉感觉自己难以施展抱负，便萌发了辞职的念头。1917 年 11 月，范源廉决定辞去教育总长一职，专赴美国考察教育。

1920 年直皖战争结束之后，由直系的靳云鹏组成新内阁。在新内阁中，范源廉第三次就任教育总长。这次任职中，范源廉特别重视政令统一，大概由于在他就任之前，全国各省区对于教育行政命令并不遵从，倾向于各自为政的态度，导致中央法令处于一种无足轻重的地位。鉴于这种环境的变化，范源廉十分注重重振教育界的精神和恢复教育行政权的统一。[13]

他坚持自己过去一贯的认知，认为应继续发展普通教育，于是规定要逐年筹办义务教育，将注意力转移到发展普通教育上。在招生方面，范源廉事先公布招生资格，制定招生章程，实行按专业分科招生，这种思想在当时具有进步性和积极影响。在语言文字方面，范源廉开始着手对汉字进行系统的改革，公布了国语注音的字母，这极大地促进了普通教育。

此次任职期间，教育经费长期处于短缺状态，于是范源廉先后赴美国和英国进行交涉，希望能够使用庚子赔款来发展中国的教育事业，即将庚子赔款用于支持中国各种类型的研究机构，或是资助留学生学习，并建议用这笔钱在国外开设一些有关中国问题的讲座。

1921年3月，因当局长期拖欠经费，北京大学等八校教职员工举行了罢工，后又集体辞职。范源廉深感教育前途无望，遂于4月辞去教育总长一职。事后靳云鹏再次邀其出任教育总长，范源廉拒不出山。

1924年1月，孙宝琦组阁期间，久负盛名的范源廉再次被任命为教育总长。但当时范源廉正担任北京师范大学校长，一来他在北京师范大学推行的教育改革方兴未艾，另外，他对当时腐败的政界心灰意冷，因此并没到任。

范源廉还兼任过一些重要职务，比如1913年7月他应陆费逵的邀请，担任中华书局编辑长一职。中华书局成立于1912年，是一个专门整理出版古籍的出版社，在近代出版史上具有极高的地位，它历史悠久，和商务印书馆并称为出版界的双子星。中华书局致力于弘扬中国传统文化，且在该领域内做出了巨大贡献。

1913年，范源廉赴上海就任编辑长一职后，便利用自身影响力不

《新制中华国文教科书》

遗余力地为中华书局扩充队伍。在此期间，他主持编写了一批在教育界极具影响力的教科书，如当时针对中学教育的《中华新学制中学教科书》；针对师范教育的《中华师范教科书》。1915 年，中华书局改组成立股份有限公司，范源廉与梁启超等人一起被聘为公司的董事。在中华书局，范源廉还亲自编纂中国近代教科书，直接参与并见证近代中国文教事业的发展。[14]

2. 通俗教育，革除旧弊

范源廉所处的时代，是近代中国风云际会之时，也是传统教育向近代教育转变的关键时期。这时若要推动教育近代化，必须结合当时复杂的社会形势。范廉源最擅长在教育改革上的实践，蔡元培曾说："我（蔡元培）在教育部时，请范君静生相助，我偏于理想，而范君注重实践，以他所长，补我之短。"[15]

对于范源廉的教育理念，著名学者欧阳哲生在《范源廉集·前言》中进行了总结性概括，他认为主要有五个方面的特点："一是明确新教育宗旨，将时势、科学、尚武、爱国作为战时中国教育发展的精神指南；二是提倡义务教育，并大力推动义务教育列入宪法，认为教育不仅是国家的责任，也是父母的责任；三是提倡军国民教育，借鉴欧美、日本经验，推行军事和体育教育；四是既重视高等教育，也重视中小学普通教育，主持编辑中小学教科书，推行师范教育，强调教育的全流程和全过程；五是注意吸收欧美教育之长"。[16] 这些特点比较准确地概括了范源廉的教育思想，凸显他通过教育改良社会、救国救民的志向。其实，从范源廉的相关文稿和演讲来看，他的新式教育理念贯穿其不同教育岗位，反映出一直以来他对教育的深沉忧虑和思考。

更为主要的是，范源廉的教育理念中有不少慈善和公益的观点，他在经费筹措、社会支持，以及教育对象、社会功用等方面都提出不同的见解。这对处于当时政权变更大背景下的清末民初官员来说难能可贵，也体现出范源廉开阔的世界眼光和敏锐的时代嗅觉。具体说来，在范源廉的新式教育理念中包含的慈善公益观念主要体现在以下几个方面：

第一，用社会化的方式开展通俗教育，并积极调动社会力量和社会资源。鉴于官方办学体制的局限性，范源廉在担任民国教育总长时发动社会力量参与办学，进而弥补学校教育的不足。就当时而言，这种理念无疑是十分先进甚至超前的。1912 年 7 月 30 日，通俗教育研究会在北京召开社会教育讨论大会。在会上，他发表了题为《肉体精神平均发达说》的演讲。在这篇演讲中，他谈到了发动社会力量参与教育的理念。[17]

在范源廉看来，行政机关的能力短板和局限性需要通过社会力量进行补充，因此对热心改良社会的各界人士来说，遇到有妨害教育之宗旨的情形，可以随时加以阻止，遇到有助于教育的行为，则应设法提倡。为此，他还列举了报刊刊登不良广告、遏制传染病传播等例子佐证其观点。

在演讲中，他还分析了社会教育的重要性。他认为中国之所以落后，关键原因在于精神贫弱。在首都等大城市中都很难于闹市之中寻找到书店、学堂等文化传播机构，中小城市和广大农村则更难，所谓"一游街市，目之所触，列肆而营业者，大抵皆饭馆、酒店、茶楼、剧园之属，即士夫学子，亦不免习于般游无度，酒食征逐，以消费其最可宝贵之光阴。间有一二书店、学堂，杂于廛市，姑不论其所售之书籍如何，所教之学科如何，以数相比，实居至少之数"[18]。而西方国家则不同，这些国家不仅在政治、道德、教育、科学、文化等各方面都比中国强，也有丰富的精神文化生活和广泛的政治参与，故"彼精神、肉体二者，常平均发达"[19]。那么如何破解这个问题呢？他认为就是需要在社会教育中提倡精神生活，通过演讲集会、白话报刊等渠道，推广现代科学文化知识，传播社会常识，并通过人们喜闻乐见的方式，让人们在娱乐之中不知不觉得到教育，而这也是对学校教育的补充。

第二，强调近代新式教育应该适应本土社会。1913年1月，范源廉辞去教育总长职务，前往上海担任中华书局编辑长，至1916年6月袁世凯去世后，段祺瑞组阁重新担任教育总长。这三年时间，他在上海经常就教育问题发表演说或文章，始终保持着对教育时局的关注。1914 年 5 月，他在《中华教育界》发表了《说新教育之弊》一文。

在文章中，他指出自清末废除科举制度、颁布新学制、兴办各类新式学校以来，新式教育并没有原初设想的发展壮大，反而有日益衰微之势。究其原因，则是热心新式教育事业的人们已较为消极，而社会上的普通人对新教育多持怀疑态度。这样长此以往，新式教育不仅难以发展壮大，而且很有可能难以维持。他详细分析了社会各界反对新式教育的原因，主要有四个方面，分别是"宗旨不正，学科太繁，费用过多，成绩不好"[20]。

对于这四个方面的原因，他专门撰文进行解释，既充分肯定了新式教育的优势，也从与传统教育对比的角度，看到新式教育的不足，认为新式教育应适应本土社会。值得注意的是，他在这篇文章中还分析了教育的经费来源，除了财政投入之外，也提到了民间力量的支持和教会学校，鼓励这些社会力量参与办学或集资。这是范源廉教育慈善理念的一个鲜明的时代特点。在他看来，如果只是从数字上面节约教育经费，表面看节省了财政支出，但对于国家的长远发展并无益处，而且财政投入的不足，也会将教育成本转嫁给社会及普通家庭。他用当时的大学教育现状来说明，指出很多人被迫出国留学，增加了不少负担，效果也不一定好。如果全国各地能够因地制宜，兴办不同层次的学校，满足不同的教育需求，并因材施教，则善莫大焉。这一观点凸显出他的大局观、长远观。具体如下所述：

> 学校之经营，子弟之就学，各需多种费用，公帑竭于
> 应付，私力困于支持，值兹财政艰难，民生凋敝之际，何以

堪此！故教育费常被认为不急之需，置诸可省之列也。第察全国之情形，因中小学校近多停办之故，而子弟之改入私塾或教会学堂者，骤然加多，此就各人计之，容有较为省费者，若合多数人之支出而并计之，则其总额要未必遂减于学校之所费也。又以缺乏高等专门学校之故，凡已习普通学者，无地可以升学。于是负度海外者，遂至络绎于途。计其支出，必远过于求学国内者，更无论矣。夫留学于外，非不善也；然苟非程度已至，势必徒耗多金，而卒鲜实益。其学于私塾或教会学堂者，固亦愈于废学也；然曷若合全国之力，因地制宜，筹设各级之学校，使学者各得从其材力境遇之所至，而受整齐统一之教育乎？至从来学校用款，率多浮滥，诚足为病，是在准诸适度之标准，以力求撙节而已。若徒持省费之见，而不顾教育之何如，吾恐于国于家，其为利于今日者甚微，而损失于他日者将无限耳。[21]

这段文字虽然谈论的是经费，但又不局限于经费，还包括教育的社会支持、普通教育、高等教育，以及留学教育，甚至谈到了教育的作用。

第三，强烈抨击科举制度，强调教育要顺势而为。他认为，既然是新式教育，就有与传统科举时代教育模式不一样的地方，而这种差异只有在对比中才能看得更为真切。1914 年 6 月 13 日，范源廉发表题为《中国精神上之开放》的演说，就新旧教育对比方面做了详细说明。在这篇演讲中，他抨击了旧式科举教育之害，指出明代以来八股文对精神闭塞的危害。他进一步指出，这种弊端的体现，"一是科举充当了选拔官吏的教育指挥棒，却忽略了普通教育和大多数民众的培养；二是使学者的思想专注于陈旧的事务，且范围十分狭窄，几乎没有自己独立的思考和心灵的活动；三是使学者将侥幸获得功名习以为常、见怪不怪，而失去了培养自身实力、自求进取的信念；四是使一般群众视学问为入官之专有途径，而视农工商及各种实事均可无学"。因此，他认为"中国人之精神实自科举制度废止后而一新其生命"[22]。

对科举制度的否定还在其他方面得以体现。袁世凯称帝失败后，应段祺瑞邀请，范源廉重新出任教育总长。他上任后立即废除袁世凯恢复帝制后在教育领域的一些做法。1916 年 9 月 7 日，他签发《呈大总统陈明民国四年颁行各种教育法规应分别废止修改》，即宣布废除袁世凯称帝期间的教育法规。9 月 11 日，他又签发给京师学务局《为国务会议议决取销教育纲要　所有前定高小学生考试摘默办法一并废止》，要求所有从前规定高等小学以上学生考试摘默办法应即一律废止。[23] 这些措施表明，范源廉对传统科举制度的弊端有着十分清醒的认识，他希望教育能够顺应时势。这一观点在 1916 年 10 月 13 日的《莅全国教育会联合会演说词》中也有直接的阐述。他开宗明义地指出，教育如何去做，应当与当前的时势相结合，正所谓"今日之教育行政，尤觉非能适应时势不可。夫既欲与时势相应，即不能求诸高远，必须切中事实，就当做之事及能做之事，竭力做去"。[24] 这种知行合一、顺应时势的理念，体现在他的工作上，便是对教育予以推动。虽然这种教育推动囿于时局，实施起来困难重重，但范源廉仍然秉持一种理想主义的态度。

第四，强调感恩教育。重视感恩是范源廉教育理念的一个鲜明特点。他不仅提倡感恩国家，也强调感恩教师培育，感恩社会各界。众所周知，慈善的本质是让爱和感恩之心得到传递，他通过推广感恩教育让慈善的理念在教育领域传播。1912 年 9 月 2 日，范源廉在对各校诸生的教育总长训令中强调要懂得对家庭、社会和老师感恩。[25] 他认为因为有终年辛勤从事耕作、纺织的农民和工人，学生才能够不愁吃穿地坐在教室里学习，因此应该感谢家庭和社会；因为有监护教导的人，学生才可以安坐课堂接受教育，因此应该感谢管理员和老师们。在他看来，教师育人与慈善助教是一种互动关系，如果教师专心从事教育，教育兴旺发达，则赞助者也将越来越多，反之，则赞助的人会越来越少。1914 年 2 月《中华教育界》第 14 号刊登了范源廉《教师之大任》一文，在这篇文章中，他对教师作用和社会慈善的互动有详尽的阐释：

> 今国人之于学务，其为热心赞助或肆力牴排者，皆不多见。其居最大多数者，类皆视学之于己蔑然无关，或于兴学之利害疑信参半者也。故为教师者而善于教育也，则人观于兴学之益，赞助者将日加，而牴排者亦将日减。使为教师者而不善于教育也，则人怵于兴学之害，赞助者将日减，而牴排者亦将日加。学之兴废，视乎风气之开塞，而能开塞风气者，莫若教师之自身也。[26]

这段话的意思是说，当下的国民对于教育事业，无论是热心赞助，还是抵拒排斥，都不多见。大多数人认为教育与自己关系不大，或是认为兴办教育的利害参半。在这样的背景下，如果教育工作者善于教育，则使社会各界可以看到教育事业兴盛，进而赞助教育事业的人也会日益增加，那么抵拒排斥的人将越来越少。如果教育工作者不善于教育，则社会各界对教育事业的弊端将有更多的议论，那么赞助教育事业的人将越来越少，抵拒排斥的人将越来越多。由此可见，教师在教育事业的发展壮大中起着非常重要的作用。他的这一观点，实际上就是用教育和慈善的辩证关系，论证了感恩教育的重要性，启迪教育工作者要想赢得更多的社会支持，必须集中精力办好教育。

第五，重视男女教育平权。封建社会时期，男女在教育方面的权利并不平等。如科举制度，主要是选拔适合为封建帝王所用的男性，武举更是如此，女性得到教育的机会并不多。1903 年 4 月 8 日，胡彬夏等留日女学生就已经在日本首都东京成立了首个以男女平权为宗旨的具有爱国主义性质的妇女团体——留日女学生共爱会，但是影响力十分局限。范源廉十分重视女童教育，这在当时女童普遍不能够读书的环境下极为难得。他认为，女童在未来不仅承担着国家建设者的角色，同时也将承担母亲的角色。女童接受教育，不仅影响到她们自身如何发展，也直接关系着下一代能否成长成才。

提倡女性教育方面，范源廉在日本留学期间就有深刻认识。他担任教育总长后，积极推行女童教育，力争让女童获得与男性一样的受教育机会。1912 年 9 月 2 日，时任教育总长的他发布教育部训令之训教育行政官强调，"自今以往，应就国家社会之情势，准据法令，尽力措施，不惟男子教育宜急也，女子教育亦应急焉；不惟学校教育为重也，社会教育亦并重焉"。[27] 也就是说，应根据国家和社会的发展需要，出台法令，采取措施，将女子教育与男子教育作为同等重要、迫切的任务推动，而且要学校教育和社会教育并举。这一观点在清末民初"女子无才便是德"的社会氛围中十分可贵，对男女平等获得教育权和发展权具有非常重要的意义。

与此同时，范源廉还结合考察成果，写下《调查美国教育报告》一文，对女童教育和幼儿教育予以推介。当时，国民教育中女童能够接受教育的比例之低，令他这个教育部门长官倍感汗颜。他自述道："鄙人在美国时，有人问中国学生现有若干，其中男生若干，女生若干者，颇觉难于回答。盖美国人以为若干学生中，男女应各居其半，若告以吾国之情形，必视为怪事矣！"他不仅对女童教育有所关注，而且对美国的学龄以下幼童教育也颇为关注。在这篇调查报告中，他专辟一章来阐述蒙养园，并且介绍小学以下儿童的教育情况，尤其关注孩童生活、教学方法、幼小衔接等内容。

在他的慈善公益理念中，女童、幼儿的教育权利向来占有重要地位。同时，本着有教无类的原则，借鉴欧美教育理念，他提出了自己的观点："儿童满六岁时即须入学，小学皆男女同校，盖无论男女，同须受此义务教育也。"[28]他不仅关注男女学生的比例，也重视男女座位分布以及行政机关、工厂商店和学校教员中男女职工的性别比例等问题。如他所述：

小学本属义务教育，几全数为男女同学。中学则男女同学者，居百分之七八十。高等学校与大学男女同学者，居百分之八九十。教室中学生席位，并不用男前女后或男左女右之排列法，乃互相错杂，绝无一定之界限也。不独小学如此，即中学与大学亦然。顾虽同坐杂处，彼此皆非常尊重。非国民道德之高尚与习惯之良好，其能如此乎？……且不

独学生无男女之别，即行政机关内亦半为男子，半为女子，
工厂商店尤无不如此。盖美国人以为男女同为国民，即对于
国家同负责任，故授以同等之教育，使一切之事男子能者，
女子亦无不能之也……至于教员一职，尤以女子任之者为
多，小学教员几全系女子，中学教员大部分为女子，大学教
员亦仍不少女子。[29]

通过观察，范源廉发现美国女性与男性在受教育权、工作权、职
业选择权等方面拥有相同的权利，相比于当时的中国要进步许多。
这对于担任过教育总长，一直致力于推动男女平等的他来说备受启
发。虽然在国内，这种推动带来的实际效果令人沮丧，但范源廉从未
放弃。

第六，倡导公共图书馆、博物馆等承担社会教育媒介的重要责
任。范源廉认为，图书馆、博物馆是社会教育的重要组成部分，但是
在中国仍较为缺少。美国的图书馆不仅藏书丰富，广罗全球各地图书
报刊资源，及时更新选购最新出版的图书，而且服务良好，以读者为
本，方便读者借阅。如果不方便到城市图书馆借书，还可以组织送书
上门。"美国之社会教育盖无处不见之，最发达者为图书馆，多至不
可胜数。除附设于学校者外，省有省馆，市有市馆，甚至数十家之小
村庄亦有图书馆。且除固定之图书馆外，更有巡行文库，以书籍数十
种展转移动于乡村，供人阅览。"[30]他又指出"私立大学皆设有工厂、
图书馆、标本室等，规模极为宏大，而尤以图书馆为最佳"。[31]在他
看来，除图书馆外，博物馆、美术馆、电影等也是开展社会教育的有
效途径。这些场所既可以提升和增强公众文明素养，也能够拓展和丰

民国第一所国立美术学校——北京美术学校

富精神文化生活，"博物馆，搜罗各种实物及模型标本极为繁多，除陈列任人观览外，可借与学校使用。欲借用者，寄信与馆，记明种类，即由馆装箱寄往，其便利如此。次为美术馆，绘画、雕塑、照片种种藏品甚富，能引起人崇高优美之想，其作用堪与图书馆、博物馆相为助益。此外则活动电影亦属社会教育之一"。[32] 这些场馆、活动都是传统课堂教育的有益补充，对提升社会教育大有帮助。

中央美术学院的前身、民国初年中国现代第一所国立美术学校——北京美术学校的创建，也跟范源廉等人有着莫大的关系。时任南京临时政府教育总长的蔡元培曾于 1907 年赴德国研读哲学史、美学、美术史等，他认为包括美术在内的美育是培养国民健全人格、提高国民素质的重要因素，因而极力倡导美育。然而，美育作为国家教育宗旨（或称教育方针）重要内容的法定地位的确立并非一帆风顺，蔡元培这一设想的最终实现有赖于范源廉的大力支持。在蔡元培美育思想指导下，教育部相继草拟了一系列有利于美术教育发展的政策方案，实施了一些有利于美育发展的措施。比如 1912 年 6 月，教育部通电各省，提出教育部在前清学部的基础上新增社会教育司，该司分为三科，其中第二科主办科学、美术。我国近代史上的大文豪鲁迅，就是在这种背景之下进入到北洋政府教育部，任社会教育司第一科科长。当时鲁迅的专长还不是文学，而是美术。

然而，1912 年 6 月底至 7 月初，刚就职三月有余的蔡元培因不满袁世凯日益专横而辞职。蔡元培的辞职，使得尚处于筹划、草拟之中的美育方案前途未卜。这并非杞人忧天，因为早在蔡元培发表那篇《新教育意见》提出包括美育在内的教育宗旨方案时，教育界就已异议甚多。有人认为美育无用，在当时民国初建、国力衰竭的情况下，提高军事实力、强健国民体魄才是当务之急。然而，当范源廉继任教育总长后，第一次出席国务院宣布政见时即宣称：蔡前总长对于整顿教育之办法，首重社会教育，盖共和国体贵在人人有普通之智识，本总长当接续进行。1912 年 7 月 31 日，范源廉在全国临时教育会议上，又郑重声明：教育宗旨及行政大纲，业由蔡总长宣布或规定，悉当遵行。[33] 这使得蔡元培的教育设想并没有因为他的辞职而付诸东流。9 月 2 日，作为教育总长的范源廉主持颁布中华民国教育宗旨："注重道德教育，以实利教育、军国民教育辅之，更以美感教育完成其道德。"显然，这是范源廉对蔡元培先前"意见"延续的结果。范源廉的支持，使得这一蔡元培主导下草拟的民国教育宗旨草案合法化，使美育至此在国家法律层面上成为培养国民健全人格的重要组成部分。

除了颁布民国教育宗旨，范源廉主持下的教育部颁布实施了一系列有利于美术教育发展的政策和措施。1912 年 8 月 20 日，教育部设大学、专门学校课程讨论会，邀请教育专家讨论大学、专门学校课程改进办法。鲁迅曾作为教育部专家应邀出席该会，他在 9 月 6 日的日记中写道："午后赴大学专门课程谈论会，议美术学校课程。"[34] 鲁迅的记述，明确地告诉我们：这一时期的教育部已经在讨论国立美术学校的具体事宜了。9 月 20 日，教育部又设立美术调查处。10 月，教育部颁布《专门学校令》，规定专门学校的种类有法政专门学校、美术专门学校和外国语专门学校等，且这些国立专门学校统由教育部管辖。

范源廉在任时的教育部对美育的重视为北京美术学校的创立奠定了法律基础，也进一步为后来北京美术学校的创建提供了具体的制度保障。就在如此背景之下，1918 年 4 月 15 日，中国历史上第一所国立美术教育学府——北京美术学校正式成立了。这一里程碑式的事件，也标志着中国现代美术教育的开端。1918 年 4 月 18 日，《北京大学日刊》刊登了题为《中国第一所国立美术学校之开学式》的报道："民国纪元以来教育部极重视于美育问题，因有设立美术学校之计划。去年范总长指任郑锦君为美术学校筹备所主任，定址于西城前京畿道，继又任郑君为校长。郑君经营半年，于本月十五日午前九时行开学式。"报道中的"范总长"正是范源廉。而且此前，"极重视美育问题"且任职时间最长的民国政府教育总长，也是范源廉。

1918 年，范源廉会同严修、张伯苓赴美国考察教育，还特别留心了美国美术教育的发展。范源廉一行考察完毕回国路经日本大阪，曾在当地报纸著文盛赞美国美育之发达。范源廉对美育的重视程度可见一斑。[35]

人人享有基本的受教育权，是范源廉一生奔走主张的。今天，受教育权已然成为我国宪法所明文规定的公民基本权利之一，人民权利

严修、张伯苓等在美国考察教育时的合影，前排居中为严修，右为张伯苓

意识的提高也让受教育权在人们心中根深蒂固，但清末民初的许多国民如女童、低龄孩童、残疾儿童等却得不到基本的受教育权。因此，为了使更多适龄人口接受教育，范源廉呼吁将义务教育入宪，用法律来保障人人接受教育的权利。

　　1913 年 7 月，《中华教育界》刊登了范源廉所作的《论义务教育当规定于宪法》。在这篇文章中，他强调宪法为一国之大本，应该将义务教育的内容写入宪法，强制推行。在他看来，义务教育之强制性可以从三个层面进行解析：一个是父母或者监护人有让儿童进行义务教育的义务；二是地方政府或者公共团体有开设学校收容适龄儿童的义务；三是儿童在适龄期间有就学的义务。为了使这些义务得以履行，他建议必须制定法律强制执行，"以督促其履行者，违者有罚以从之"。[36] 同时，为了更好地实施义务教育，他从西方国家如普鲁士、丹麦、瑞士、葡萄牙等国家宪法中明文规定实施"义务教育"的条款中吸取经验。[37]

综合普鲁士、丹麦、瑞士等欧洲国家宪法中有关义务教育的规定，重点突出在三个方面：一是父母或监护人应该担负让儿童接受教育的责任，公立小学免收学费，地方政府或者自治组织应该筹措教育经费，若财力不足，应由中央政府补助。针对当时有人提出英、美、法、意、日本诸国虽然推行义务教育制度，但并没有将义务教育列入宪法的疑虑，范源廉在这篇文章中也进行了驳斥。他指出义务教育在当时的中国列入宪法非常必要，"即世界无此前例，吾人犹当毅然独行，著此特有之规定，以求宪法之完美。况明明有往辙之可循耶？有疑此主张为过当者乎，请更举必要之理由而申述之"。[38]

他又进一步解释了为何必须要在中国宪法中写入义务教育的原因。他认为，首先，义务教育能够树立公民的国家观念，"义务教育非规定于宪法，则人民公私家国之观念不易革之使新也"[39]。其次，依靠宪法的强制性有助于义务教育的顺利推行。当时的中国，各地对法律的遵从不一，如果以普通法律规定义务教育，恐难实行，而借助人们对宪法的热情和拥护，则可以在全国推广，"夫以今日自治能力之幼稚，筹款与兴学大抵视为缓图，茫茫神州，果何时为义务教育实施之日乎？故仅以普通法令行之，法令之效力有限，希望恐亦终无着耳。惟以之规定于宪法，则全国一致，恒久不渝，人人具拥护国宪之热心，即人人有推助教育进行之毅力，斯其为效必有精锐宏远者矣。"[40] 再则，将义务教育列入宪法是追赶先进、缩小与发达国家差距的重要途径，"吾人返察国内之情势，若家庭、若社会、若国家行政机关、若地方公共团体，既测定义务教育之实行，非规定于宪法，将必终无希冀矣。而外察世界大势，苟吾国非先于义务教育一事求与列强并驾而齐驱焉，则凡相与对待如实业、经济、军政、外交诸端，今之所患为贫弱者，即他日亦断无幸致富强之望。甚且并今日之现状，终亦不可长保也，岂不大可惧哉！"因此，他不遗余力地推动将义务教育列入宪法，"今幸旧邦新命，宪法正在制定之秋，载列专条，至为顺易，机不可失，诚千载一时之遇矣"[41]。

在其位则谋其政，无论是从国家立法层面，还是从行政主管部门管理角度出发，范源廉深知制度的重要性，建立一整套完整的教育制度，对全国教育的发展都是大有裨益的，"民国肇造，百度更新，巩固国基，端赖教育……自今以往，应就国家社会之情势，准据法令，尽力措施"[42]。同时，他认为"不惟男子教育宜急也，女子教育亦应急焉；不惟学校教育为重也，社会教育亦并重焉"[43]。可见，他对教育法令的认识，从一开始便是清醒的。

晚清的教育制度，大多附庸于封建帝制，是旧时代的产物，能够用来借鉴的并不多。因此，在新的国体和政体之下，范源廉认为必须创造出一种不同于清朝的教育和教学制度，以适应新形势下社会发展的需要。

1912 年 1 月 19 日，他协助时任教育总长的蔡元培颁发了《普通教育暂行办法》。该办法是民国时期颁布的第一个教育法令，其目的在于通过一系列措施建立新的截然不同的教育秩序。该办法主要对学校管理、修习年限和教学内容等方面进行了详细的规定。具体来说，学校管理层面，所有学校均统一名称、初小学校可以男女混读、废除中学校的部分旧制度，如分文、实科和奖励毕业生出身等；修习年限层面，变五年的中学和初级师范学校为四年；教育内容层面，禁止经科教学，而以手工和数学作为小学教育的重点，学生修习手工科，三年级后再设珠算教学，并且所用教科书需过审，一不得偏离民国教育至之宗旨，二不得使用清学部出版的书籍，高等小学以上年级的学生体育锻炼需以兵式操为重等。

该办法进一步改革了清末癸卯学制中的旧体制，如"旧时奖励出身，一律废止"，进一步限制了贵族和特权阶层，推进了教育平等和平民化；"小学读经科一律废止"和"小学手工科应加注重"，使学生摆脱了传统经史子集的学习，步入了以实用和技能为重的近代知识体系；而"凡各种教科书，务合乎共和民国教育宗旨，清学部颁行之教科书，一律禁用"，从教育层面渐进削弱君主专制思想道德影响力，而致力于给学生树立辛亥革命以来社会上盛行的实用主义、自由、民主、平等观念。[44]同年9月3日，教育部又颁布了《公布学校系统令表》。[45]此后，在他担任民国政府教育总长期间，又积极敦促教育部陆续颁布各项学制法规。这些学制法规施行于1913—1914年，史称"壬子癸丑"学制。至此，在全国范围发挥作用的新学制正式确立，从根本上改变了清朝末期"钦定"或"奏定"教育方面法规的状况，迈出了中国教育制度近代化的重要一步。

对于范源廉推动"壬子癸丑"学制的制定与完善，以欧阳哲生等编《范源廉集》附录部分整理了范源廉签署的批示、公文目录来进行归纳与考察。具体如下表所示：

范源廉签批的"壬子癸丑"学制部分法令和教科书表[46]

颁布时间	法令表
1912 年 8 月	修正教育部官制
1912 年 11 月	学校系统各学校校令及各项规程；小学校教则及课程表；高等小学新理科教科书及教授法五六册（上海商务印书馆）；高等小学地理教科书一至四册（中华书局）；高等小学新地理教科书（上海商务印书馆）；工业专门学校规程；公立私立专门学校规程；医学专门学校规程；药学专门学校规程
1912 年 12 月	读音统一会章程；中学校令施行规则；商船专门学校规程；商业专门学校规程；外国语专门学校规程；初等小学算术教授书及教科书二至八册（中华书局）；高等小学理科教科书第二册（中华书局）；初等小学国文教授书四至七册（中华书局）；初等小学校用新国文教授法第二、三册（上海商务印书馆）；高等小学校用共和国民新读本第一、二册（上海商务印书馆）；高等小学新修身国文教科书（上海商务印书馆）；高等小学新理科教科书一至四册（上海商务印书馆）；教科书第一、二册（上海新教育社）；农业专门学校规程；师范学校规程；毕业分数甲乙两例表式；教育部办事规则
1913 年 1 月	大学规程；私立大学规程

　　上表是他第一次担任教育总长（1912 年 7 月 26 日—1913 年 1 月 8 日）时期的公文签批，由其内容来看，不少是关于教育制度和审定的教科书的。在此之前，全国未有统一出版的近代教科书，这可谓是一个创举。同时还推出大学管理规程，如大学规程、私立大学规程，又有微观管理，如毕业分数表样式。在教育阶段上，划分了小学教则、中学校令、大学规则对学校进行分类管理。教育类型上则区分出工业专门学校规程、公立私立专门学校规程、商业专门学校规程等。

　　范源廉不仅推动制定新学制，还严格教育教学管理。一方面整顿学务，对办学无成绩的学校进行撤并压缩以节约经费，学校招考不问出身，以学习成绩决定是否录取，"不分汉满回藏，亦无论有无文凭，惟以程度之如何为取录与否"[47]。另一方面严订考试毕业生章程，改变清朝末期过于宽松的管理制度，规定学生成绩分甲乙丙丁四等。学生成绩具体分为八十分以上者为甲等，七十分以上者为乙等，六十分以上者为丙等，六十分以下者为丁等。甲乙丙三等准予毕业，列入丁等者，需要留堂补习；补考两次仍不合格者，责令退学，"再于各门主科中有一门不及六十分者，只准留堂补习，不准毕业"。[48]

　　这一点，从某种程度上也促进了民国学业考试制度的形成与完善。考试制度是学校教学制度的重要组成部分，其设计合理与否直接影响教学效果，因而对人才的培养起到至关重要的作用。

　　这些努力，都构建了国民教育的完整体系，促进了近代教育的转型。

　　第七，提倡素质教育，倡导全面发展。1915 年 1 月，范源廉在《中华教育界》第四卷第 1 期发表文章《论教育当注重训练》，论述了他的教育观。他认为："教育之方式有三：曰养护，曰教授，曰训练是也。三者实行之时，虽互有不可离之关系，而从理论上研求之，则固可区分而较量之者也。大抵养护主于锻炼身体，教授主于传导知能，而训练则主于陶冶德性。陶冶德性者，乃教育根本目的之所存，故训练之为用，即直接以达教育之目的者也。"范源廉认为，在教育的三种方式中，训练最为重要，可以陶冶德性，这是教育的根本目的，"无训练之教育，等于无水之水车"。训练无论是对于个人心理和伦理，还是个人生活和国民生活，都有极其重要的意义。要改良教育，必须尽快注重训练。而在他看来，训练又有"教科内之训练"和"教科外之训练"的区分。

"教科内之训练"包括修身、国文、外国文、历史、地理、数学与自然、手工图画唱歌诸科、体操等。

修身。即启发学生道德品德的知识，教授的主旨就是要诱其感想，促其反省，使学生在校之时不仅能正其行为，也确定其为人处世的基础，使其终身不甘为背德之人。

国文。以教授文字为主旨。文字是国民精神的寄托和抒发个人理想的重要工具。教材的内容，可以激发学生对文字的兴趣，启发其智德与美感，在上课之时，往往有作文课。作文是学生表达自己心情的机会，同时也是教师了解学生心理和思想的机会。如果学生的文章洞察事理，应当进行嘉奖，以鞭策使其言行一致；反之，则应督促其改正，自我反省。

外国文。外国文教学，也不宜只注重形式，更要注意文字的内容。换句话说，要引导学生站在客观公正的立场上，去了解其他国家的文化与精神。

历史。范源廉认为，历史是圣哲贤豪的传记，读史可以在政治上、战争上、学术上多方面了解古人的精神。古人虽不在了，但是古人的精神还在，可以"兴人之观感而激人之志气"。教授历史时，要让历史跃然纸上有生气，达到陶冶品性的目的，不能只是强求学生为了记住历史而强加记忆，那是没有什么用的。

地理。人们生活与地理知识息息相关，在教授地理知识的时候，不能仅仅讲述名胜古迹，高山大川，还要根据学生实际情况，从身边讲起，由近及远，直观而具有想象力地讲述地理知识，使其体会实际生活的意义。地理知识，应该激发学生的爱国之情，爱乡之情，让学生感到风土人情之可爱，天高任鸟飞，海阔凭鱼跃的壮阔。

数学与自然科学。这一学科既不能有丝毫差错，也不能造假，计算者当集中精力，强调严格思考计算后得出正确结果。这一学科能让人领会宇宙间的真理及其与人类的关系，"既以助进其崇高正直之德，复使感受自然之美，而和化其心情"。

手工图画唱歌诸科。这一科目初看好像仅仅只是属于外部技能，但是如果教授得当，即可养成勤劳、端庄、刚强、优美等美好品德。

体操。体操既是让意志驱使身体的练习，又是使身体服从于意志的练习，所以要使学生具备坚强的意志和强健的体魄，都应该好好重视本科。托尔斯泰曰："健全之精神寓于健全之身体"，亦可曰"健全之身体保于健全之精神"。体育如此重要，作为教师怎么能把它看作训练以外的活动呢？

"教科外之训练"则包括校训与校歌、工作及勤务、仪式、竞技与旅行等。

校训与校歌。范源廉认为，此"二者足以表示本校之主旨而养成全校之美风"。校风一旦形成，不仅新生容易被老生同化融入学校之中，即便学生离校后，仍然会铭记校训校歌，激励其进取之心，让其引以为豪，增进其与学校及校友之间的感情。

工作及勤务。让学生参与学校的工作和劳动，是为了让其保持劳动的习惯，保持校园的整洁美观，保持良好的生活、劳动习惯，班长或者值日生还能增加处事经验。

仪式。各种纪念日、节假日或者入学毕业典礼都应该举行相应的仪式，但仪式不能流于形式，否则就会失去其应有的意义。

竞技与旅行。运动会等竞技活动，可以激励学生勇于进取的精神，增加其自信，增进团队协作精神，有益身心。但是如果出现因为运动过度而荒废学业，或因过于看重成绩而导致矛盾纠纷的情况，则应及时纠正。旅行也不能单纯地看作只是为了娱乐身心的校外活动，旅途中可以学到新的知识，也能印证课堂上所学知识，还能增长见识，锻炼处事能力，这都是旅行的好处。

素质教育是促进受教育者身体全面协调发展以及个性充分发展的教育，其根本目的是培养和提高人的素质。素质由观念、品德、能力、身体和心理五个基本要素构成：观念，指世界观、人生观、价值观等思想方面的品质，对主体人的言行等外在表现起着导向和动力作用；品德，指道德品质，对主体人起着定向和调控的作用；能力，指认识世界和改造世界的力量品质，决定着人的外在表现能否又快又好地实现目标和价值，对主体人起着能动作用；身体，指生理品质，对主体人的外在行为起着基础作用；心理，指自我认知、情绪情感、意志、人格、气质等方面的品质，对主体人的外在行为起协调和支撑作用。这五个基本要素相互依存、相互作用，共同构成主体人的基本品质即素质，是任何人都不可缺失的。尤其是观念和品德教育在五大素质教育中处于灵魂地位。观念、品德、能力、身体和心理五种基本要素应全面、协调发展。五育当中的"德"既包括道德品质，也包含思想观念；"智"主要体现为"能力"和"身心"因素；"体、美、劳"中既都含有相关"观念""品德"因素，也含有"能力"因素以及"身体""心理"等因素。

范源廉所推崇的"教科内之训练"和"教科外之训练"，反对封建传统教育中的简单说教，重视引导启发学生的"德智体美劳"的发展。在教授方法上，范源廉提出"务必近于切实浅薄，使学生易于领会了解；为学之道，不宜偏于机械性质，务使学生养成活泼自动之能力"。教师应当最大限度地调动和发挥学生的主动性。这是一种跨时代的飞跃，也是早期推进素质教育和学生全面发展的基本体现。

3. 赴美考察，创设南开

范源廉对中国教育的贡献不仅仅是思想、制度上的，他还经常亲力亲为参与学校的创建。其中，他对南开大学的创立和发展，有着不可磨灭的贡献。他的思想和实践精神对南开大学影响深远，但他和南开大学的渊源却要从他和严修的关系说起。

严修，字范孙，祖籍浙江慈溪，1860 年出生在顺天府三河县一个在津门很有声望的盐商家庭。1882 年乡试中举，次年中进士，改庶吉士，散馆，1886 年任翰林院编修，担任国史馆协修、会典馆详校官。1894 年任贵州学政，倡新学。1897 年热心于乡里兴学，1906 年转学部左侍郎。1908 年奏定各级学堂毕业生执照，这是我国最早为毕业生颁发的文凭。1909 年拟订八年教育计划，这是我国最早制订的国家教育计划，还最早推行了学校文理分科，是在中国教育近代化进程中积极变革封建教育、倡导新式教育的先驱者之一。

他十分重视现代教育，在任职期间，积极推进西方文化在贵州的广泛传播，甚至可称他为贵州传播西方文化第一人。严修任职到期，回津途中，偶然结识梁启超，认可其变法维新的思想。后因对戊戌变法抱以同情态度，得罪其座师、时任内阁大学士的徐桐，未得新的任命，于是愤然回津创办私学，将严氏家馆作为兴办新式教育的基地，

严修

并为子弟们聘请了一位新学教师——张伯苓。严与张合作，在天津创办了南开系列学校。分别于 1919 年、1923 年、1928 年共同开办了南开大学、南开女中、南开小学，使南开系列学校初具规模。

梁启超 1897 年曾在长沙时务学堂担任中文总教习，当时，范源廉正巧在此求学，是梁启超的学生。其后，范源廉又追随梁启超赴日留学，并得到了梁的关照，深得梁启超器重。[49] 因这层关系，在严修与清朝官员赴日本考察教育时，梁启超积极向严修引荐范源廉，这也是两人结识的开始。当严修路过东京时，范源廉与严修商议振兴中国的教育问题。[50]1905 年，清廷学部设立后，时任学部侍郎的严修推荐范源廉赴京担任学部主事，范源廉 1906 年到任。至此，两人结下深厚情谊，后又一起组设尚志学会，兴办教育事业。1917 年范源廉辞去教育总长之职后，范源廉与严修一同赴美就教育问题进行考察。这次考察的主要目的是与张伯苓会和，进而共同研究美国各州教育的大体情况，尤其是美国私立大学的发展。他们的考察，为在中国创办私立大学积累了经验。

在美国考察期间，范源廉曾在中国科学社第三次常年会上发表演讲。1918 年 8 月 31 日，他在中国科学社年会上介绍救国之策和振兴实业之法，并转告了因有事未来参会的严修对留美学生的三条建议：第一条是告诫来美国留学的学生，除了追求学问上进外，还要留意社会环境；第二条是告诫学生留学功成将来必定回国，对于在美国所见，应当时时刻刻反观中国的情形，进而求得如何在中国应用；第三条建议是应扬长避短，摒弃打雀牌的习惯，这一陋习足以亡国，到了美国还不能改，实在是可叹。[51] 这三条意见，范源廉深表赞同。

1918 年冬，范源廉、张伯苓和严修在结束考察后共同乘船归国。他们三人在归国途中的船上就筹办私立南开大学交换了意见，并探讨了相关事宜。归国后，他们三人共同成立了大学筹备委员会并选举范源廉为筹备委员会委员，紧锣密鼓地"议筹备大学事宜"。

范源廉对南开大学筹建的贡献还在于经费的募集。一方面，作为创始人和董事，他自愿捐赠数万元，这笔钱对于创设之初的南开而言，可谓是雪中送炭。另一方面，他又利用自身的影响力，千方百计地募集善款。为了获取经费，他和张伯苓及时任教育部司长张继煦一同前往太原，在全国运动会上为私立南开大学募捐筹款。同时，他还利用私人友谊劝说时任总统府财务委员会委员长周自齐认筹 40 万元公债票，这件事在周自齐的日记中有记载，"静生来约充南开校董"。据《严修日记》记载，1919 年 3 月 31 日，严修在中央公园"同静生（即范源廉）、伯苓合请梁燕孙（即梁士诒）、周子廙（即周自齐）、曹润田商议为南开学校募捐事，燕孙主分任劝募"。4 月 12 日，

南开大学开学纪念，第二排左起第七人为范源廉

严修同张伯苓、范源廉三人到中央公园开董事会，梁士诒、周自齐、曹汝霖三人亦"同来会谈"，"梁云：南开学校募捐事，彼三君可认筹四十万之公债票，年可得六厘之现金利息（合二万四千元），并将拟指之姓名、机关列一清单见示"。

　　在范源廉、严修等人的积极奔走之下，南开大学顺利开办，并于 1919 年 5 月正式兴建校舍。1919 年 9 月 25 日，在范源廉、张伯苓等人的努力下，私立南开大学正式向全世界宣告成立。天津的《大公报》曾对南开大学成立有过专门报道，"南开大学业已组织完成，于二十五日下午二时，在南开中学礼堂举行开学式……来宾有前大总统黎黄陂、警察厅长杨敬林并范源廉、于馥岑、王梦臣、孙子文等二十余人"[52]。除张伯苓致辞外，黎元洪亦登台讲话，"继其后登台演说者，尚有范源廉、该校主任林宾博士及另一位美国女博士。开学典礼至四时半结束"[53]。

　　范源廉任南开大学的董事、董事长期间也兢兢业业履职。在 1923

南开大学思源堂

年 10 月南开大学校庆纪念大会上，范源廉作了题为《第一次大战后的欧美教育及其特点》的演讲。在演讲中他介绍了欧美各国教育发展的情况和特点。[54] 由于他学识广博，经历丰富，曾留学日本并多次前往欧美各国考察游历，可以从与欧美比较的视野中结合中国实际提出思考和建议，因而他的演讲受到师生的欢迎，正所谓"范先生甫自海外归来，所见极多，演说辞极有意义！"[55]《范源廉集》收录了他给南开大学校董会和张伯苓校长的一些函件，可以看出他经常从北京来南开大学参加会议。如回复张伯苓的函电："来函敬悉，思源堂定于十八日午后三时开幕，届时谨当遵约到会。"[56] 思源堂是南开大学校内的科学馆，由美国洛克菲勒基金会和实业家袁述之捐建，始建于 1923 年，1925 年落成并投入使用，这封函电表明范源廉当时参加了思源堂的落成典礼。又如复南开大学董事会函，"顷接华函，得悉十二月十九日为例会之期，有诸多要件待议。因恐出席人数不足，难于成会，是日谨当遵约到会，聆听教益"[57]。这些函件表明，作为南开大学校董会的董事、董事长，范源廉并不只是挂名，而是经常参加会议，帮助学校筹集经费，维持学校正常的教学秩序。即使后来因故辞去校董一职，也专门给南开大学校董会发去公函，以示慎重。[58] 这封函件起草于 1926 年 9 月，此时范源廉出任中华教育基金会董事长。一方面，他公务太过繁忙；另一方面，中华教育基金会跟各学校多有关系，他需要避嫌，这一点，他在给时任清华大学校长曹云祥的函中做过解释。

范源廉认为，一方面，他当时任中华教育文化基金董事会董事，与一些重要的高校有很多复杂关系，为便于管理基金会，其他各处以董事相邀范源廉的，他都一并辞谢。另一方面，他身体抱恙，因此辞去南开大学董事一职。

4. 国民教育，图存图强

1914 年，整个世界局势波谲云诡，由于列强之间势力范围和利益的再分配，爆发了人类历史上的第一次世界大战。有感于时局变幻，非强大无以图存，范源廉发表《今日世界大战中之我国教育》一文，这篇文章是他教育救国主张的系统化阐述与表达。他认为，想要在短时间内提高一个国家的实力，是不可能做到的，实现这一目标必须依靠累积的进步，而最可取的措施就是发展教育，所谓"其相关之事至繁，而教育实其最要者焉"[59]。因此，无论是学校，还是家庭和个人，都要强调教育救国的理念。那么，如何传输其理念？他指出，需要从四个方面下功夫，分别是明世界之大势、示科学之重要、振尚武之精神、阐爱国之真义。

"明世界之大势"就是指要让学生研究世界历史、地理和发展现状。范源廉认为，尽管世界各国具有一定的差异性，只要相互比对和参照，就能够寻找其脉络，"凡此著要之史迹，无不交相映带，而有脉络可寻"[60]。因此，教育者要就"历史、地理之学科勤加考求，善为指点"[61]，只要如此，学生便可收获书本之外的知识，培养学生放眼看世界的责任心。

"示科学之重要"就是要建立起我国独立的科学研究体系。科学的功效无论是直接或间接都可以增强国力，而当时"全国之大，万民之众，凡生活所需之物品，国命所托之武器，无不仰求于外国，年复一年，愈演愈甚"[62]。当时，国民对科学的重视程度很低，这也是范源廉提出要重视科学的缘由所在。

"振尚武之精神"就是要增强国民素质。范源廉主张的"尚武"是以卫国为宗旨的，"吾国人以爱和平著称于世界，和平固甚可爱也，然独惜光荣之和平，非不武之国民所得而爱之者耳"[63]。也就是说，我们要注意大战中的世界情势，"风云乍起，天地变色，杀人惟患其不多，制敌惟患其不甚"[64]。因此，振起尚武精神是"当务之急"。如何达到振起的目的？他认为，必须革除文弱积习，使社会形成"不武者不足以为国民，不武者不足以为男子"的舆论。他进一步指出，"全国皆兵"是发展国民实力的最优良的制度，"诚以充实国力之最良制度者，莫如全国皆兵"[65]。

"阐爱国之真义"就是要求国民无条件地服务于国家。范源廉超越了以往认为"保国即所以保身家"的传统爱国观念，而指出"国之为物属于公，而身家之为物则属于私"，以"保国即所以保身家"为号召，其目的"终在于身家，而不必在于国"，那不是真正的爱国[66]。而至于什么是真正的爱国，他用世界大战中各国国民的从军精神进行了阐释[67]。因此，在他看来，"爱国者"必须要超越一切物质影响和不计较利害得失，这才是真正的具有爱国观念。于此之下，范源廉提出主张，认为这种"忘身舍家，急公赴难"的爱国观念应在全国进行弘扬，进而使国民"公而忘私"的精神得到培养。

向社会大众倡导教育救国理念只是范源廉教育救国行为的一个方面，对于具体如何推动教育救国，一辈子与近代中国教育打交道的范源廉显然有更深层次的思考。他深受西方教育理念的影响，又是身具忧国忧民情怀的知识分子。在他看来，教育是国家生命之所存，决定了国家的兴衰和民族的存亡。但是大变动情势下教育也需要有独特的针对点，而不是普通的传统教育。他认为，要想达到教育救国就必须要倡导在教育上崇尚科学和实行军国民教育。

崇尚科学教育是范源廉一直看重的。上述所知，他在 1914 年发表的《今日世界大战中之我国教育》中就提出要认识到"科学之重要"，并主张建立起我国独立的科学研究体系。其后，他有多篇论述来提倡科学教育，并显示他对待科学的态度。例如：

> 余西游一年，所见极浅薄，而所受刺激则甚深，刻欧美人与中国不同者，即在渠等完全系科学的生活，有比例三点：（一）彼丰富而我贫穷，（二）彼有条例而我紊乱，（三）彼真实而我虚假。此三点者，在其日常生活中，在在足以表显之，而在交通方面，彼能善用自然之力，致得非常之便

利……余所见事物，无论国家、政治、工业、商业、农业，其发达均足惊人。夷考其实，无非合乎科学方法而已。此外则各种学问及宗教，亦在与科学适合，其人民在学校、家庭、社会方面，均有养成科学方法习惯的机会……以上所述尚属美国方面，至欧洲后所见尤足惊异。返观国内各学校，对于科学设备殊为欠缺，殊堪浩叹，中国不特于科学不当专从书本讨论生活，当随时随地加以实在之研究，华人尚空谈而少实行，为致成现在局面之重要原因，如欲从事匡救，当从注重科学入手。[68]

在他看来，正是由于西方国家提倡科学方法与重视科学教育，才使其"政治、工业、商业、农业，其发达均足惊人"。而这一方面也正是中国教育的不足之处。因此，他在担任政府教育总长期间提出，各高等学校应重视科学教育。

卸任教育总长后，范源廉仍积极提倡科学教育。1924 年 3 月，他在"关于教育的演讲"中再一次阐述了科学教育的重要性与发展措施。在演讲中，他指出当前中国最缺乏的就是科学，这可以从回国学生的研究窥探出，"观乎我国学生之往异国研究科学，及回国后仍无所事事者，可知矣"[69]。因此，提倡科学仍不可松懈。

如何提倡科学呢？他认为要先从提倡科学的方法和输入门径入手，否则徒劳无益。对于输入门径，他以近代日本的医学和武器制造为个案来阐述日本的科学是如何发展起来的。在以医学技术引进科学技术上，他指出日本在学习医学技术的时候，起初不懂荷兰语，只能依据荷兰医书的图表对照来学习解剖人体，其后医学开始兴盛起

1916年，时任教育总长范源廉先生奖励唐山工业专门学校（今西南交通大学）的匾额上题字"埃实扬华"

来，并吸引其他科学知识的输入，推动了日本科学的发展。在武器制造上，他指出日本受到早前美国以武力逼迫开关的耻辱并积极制造兵器与建造军舰来使科学传入。由此可见，他认为日本科学发展"非由空言研究，乃从苦力实验中收效也"[70]。而这也是值得中国学习的地方。因此，他认为"为今之计，宜速求一输入之途，务实验，去空谈，则科学之发达可指日而待"[71]。

军国民教育萌发于晚清时期。随着西方国家在华的势力不断加深，引起有志之士的担忧，他们开始抛弃以往"重文轻武"的观点，反思以往的传统教育体制。早在鸦片战争刚结束的时候，由魏源编写的《海国图志》中就出现了"师夷长技以制夷"的观点，其中包含着军国民教育思想。其后，洋务运动时期，洋务官员开办的军事学堂，培养军事人才，其目的就是"整顿陆营则内患不作，整顿水师则外寇不兴"[72]。虽然这一时期的军事教育在性质、目的与具体措施方面，与军国民教育仍然存在着不小的区别，但仍有着承前启后的作用，而明确提出军国民教育思想则在维新运动时期。

甲午中日战争后，清朝的战败与《马关条约》的签订，引起朝野上下的震惊，"救亡图存"成为当时有识之士的共识。1895 年（光绪二十一年），康有为就变法图强上书光绪皇帝时，提出希望效法西方列强的做法，"以民为兵"，选拔士兵"入学堂学习布阵骑击测量绘画"[73]。

不过，真正将尚武教育升华并提出军国民教育称谓的是康有为的学生梁启超。梁启超结合社会发展的时代背景，从"国势统一""儒教之流失"等方面批评传统的"重文轻武"的思想，并宣传西方的"尚武"教育。他在其《新民说》中专门讨论了"尚武"。在文中，他指出，一个国家只有崇尚武力才能立足，也使其文明得以延续，如果"没有尚武的国民、铁血的政策，即使有发达的文明和智慧，即使有广阔的土地和很多民众，也无法在竞争激烈的世界舞台上立足"[74]。他一方面以斯巴达、德意志、俄国和日本等为例阐述"尚武"对其国家发展的有利影响，另一方面指出中国当前缺乏"尚武"精神导致民族危机不断加深。因此，他认为当前中国必须培养"尚武"的精神，否则难以在 20 世纪竞争中占有一席之地，并提出从"心力""胆力""体力"三方面培养"尚武"精神。

梁启超《论尚武》的发表引起了极大的社会反响。同时，梁启超流亡日本，而日本又是大量中国留学生的聚集地，大量留学生都深受梁启超思想的影响。因此，以留日学生为主体，军国民教育思想逐渐演变为一种思潮。1902 年，通过老师梁启超所创办的《新民丛报》，蔡锷发表了《军国民篇》一文，并在其中首次提出了"军国民"一词，文章还指出，要使中国当前积贫积弱的状况得到改善，就必须培养尚武精神，提倡军国民教育，"以铸国魂"。同年，蒋百里发表《军国民之教育》，这篇文章对军人精神教育的大纲，以及在学校、社会、家庭实施军国民教育的方法都进行了具体的阐述。此外，由一些留日学生负责主办的刊物如《游学译编》《湖北学生界》《浙江潮》等亦纷纷发文宣扬军国民教育。

民国建立以后，军国民教育得到了进一步的发展。时任教育总长的蔡元培曾对新教育发表意见，当时，他便提倡新教育应以军国民教育为首。在此之后，军国民教育运动的浪潮开始席卷全国。到 1912 年，范源廉接任教育总长后，他又大力推崇军国民教育。[75] 范源廉以教育总长的名义发布训令，将军国民教育强制性地普及到了高等小学以上的学校，使军国民教育扩大到全社会范围。同时，他又拟定具体实行办法，力求将这种教育普及到士农工商各个行业中，使人们做到文武兼备。[76] 在范源廉的大力倡导下，军国民教育得到了空前的发展，一些陆军小学堂、陆军讲武学堂相继成立，各地也都建立了童子军，学校也更加关注体育运动。

范源廉还倡导国家主义教育。20 世纪 20 年代的中国，在外部帝国主义侵略不断加剧、内部军阀混战呈胶着状态的形势下，民众的民族主义情绪不断高涨，以学生罢课、工人罢工、商人罢市进行游行示威活动为主的群众运动风潮迭起。1925 年 5 月间，上海、青岛的日本纱厂先后发生工人罢工的斗争，遭到日本帝国主义和北洋军阀的镇压。上海内外棉第七厂日本资本家在 5 月 15 日枪杀了工人顾正红，

1925 年，五卅惨案中游行示威的民众

并伤工人十余人。5 月 29 日，8 名青岛工人被反动政府屠杀。5 月 30 日，上海两千余学生分头在公共租界各马路进行宣传讲演，一百余名遭巡捕（租界内的警察）逮捕，被拘押在南京路老闸巡捕房内，引起了学生和市民的极大愤慨，有近万人聚集在巡捕房门口，要求释放被捕学生。英帝国主义的巡捕向群众开枪，打死打伤许多人，这就是震惊中外的五卅惨案（因为在当时媒体报道中都以"沪案"指称，故也称"沪案"）。6 月，英、日等帝国主义在上海和其他地方继续进行屠杀，这些屠杀事件激起了全国人民的公愤。广大的工人、学生和部分工商业者，在许多城市和县镇举行游行示威和罢工、罢课、罢市，形成了全国规模的反帝爱国运动高潮。

　　对于此次惨案的发生，范源廉异常愤慨，1925 年 6 月 16 日，他在北京师范大学题为《沪案与教育》的演讲中，详细地分析了"沪案"的来龙去脉和解决方法：

"沪案发生的根本原因，属于外来的就是英国人和日本人，他们对着中国各伸张两只魔手：一为政治压迫，一为经济侵略，交相为用，毫不放松所逼成的。再简明点说：沪案便是条约、习惯，年积月累必至的结果。他的根子很远，绝不是偶发的一件不幸的事故。"

"沪案发生的外因已经说过了，他的内因即属于中国本身。原因是什么？并不是别的，就是'政治的腐败'和'民德的堕落'。自民国产生以至于今日，少数人天天在那里私斗，自相残杀，许多人自私自利，不顾廉耻，选举凭贿赂，无事不可为，卖鸦片，种鸦片，吸鸦片，赌钱，打牌……民德堕落，堕落到这般田地，累着无辜的人们，失教，失养，无可告诉。乡下大闹土匪，民不聊生……'人必自侮然后人侮之'，'国必自伐而后人伐之'。这样的国家，人家还能看作国吗？这样的人民，人家还能看作人吗？所以英国人毫无顾忌，敢作敢为，一次杀，两次杀，三次杀……他们仍以为是应当如此！"

范源廉认为，增强国民的国家意识，铸国魂造国格，必然要选择国家主义的教育。在《沪案与教育》一文中，他把国家主义的教育列为解决"沪案"的根本办法，他认为教育有很大的力量。救中国，固然不能专靠教育，但教育确是其中的一个必不可少的分子。铲除"沪案"发生的根本原因，仍要在"教育"上下功夫。

"国家主义的教育，意思甚平常，要在真能实行。实行分两方面：（甲）对内要养成学生有良好的品格，充实的能力和强健的身体；本国生存所必需的物品要自己制造，不仰给于外国；学问更应求独立，使学生们知道无论精神上、物质上仰赖外人，总是可耻的事情。同时要尽国民的天职，力自振作，革新腐败的政治与民德。因为没有国内不治，而对外会占胜利的。（乙）对外国家主义为有对象，我们就以英、日两国为对象。研究为什么英国、日本会能对中国实行政治的压迫与经济的侵略。……欧战后，德国的情形、俄国的情形都是大变，他们排除困难，改造民族之新生命，都各自施行合于己国的教育，勇迈的前进。这些事例大可以取法的。……最有效果，并且是一生作不尽的大事业，就是实行国家主义的教育。"

5. 大学教育，践行改革

范源廉特别强调"学识"与"气力"。何为"学识"和"气力"？在他看来，"学识"即学习知识，而"气力"则是"志气"和"力量"。他曾以中美差距来分析"气力"的作用，认为整个美国，最老的省也不过只有200多年历史，几十年的也有很多，这些年轻的省份却在极

北京师范大学董事会成员合影，左四为范源廉，左五为梁启超（图片来自北京师范大学校史馆）

北京师范大学旧址

短的时间内取得了惊人的成就。这其中原因，既有学识的发达，也有"志气"和"力量"。进一步来说，他们做事抱有极大的雄心、宏伟的计划，虽经过许多困难，但总是百折不挠、坚持到底，必克服各种困难，不达目的不罢休。因此，他在担任北京师范大学校长期间也以"气力"精神来推动北京师范大学改革。范源廉在北京师范大学校长任上的诸般举措，是他大学教育改革理念的集中体现。

1924年1月至7月，步入晚年的范源廉曾经短暂出任过北京师范大学校长。他担任校长的这半年，力图对该校进行改造，实行教育改革，传播公益理念，其弟范旭东称他"在职半年，学风不变，而终以校费支绌，莫由进行而退"[77]。

范源廉赴任北京师范大学校长之前，该校校长一职空缺达数年之久，学校董事、教职员、学生都对未来感到悲观。为了重振士气，他

国立北京师范大学校校长范源廉就职典礼合影

在就职典礼上的演说中表示将深入学校开展调研，随时同教职员交流，搜集书面意见，并在此基础上制订改革方案，"无论政局如何纷扰，只要我们个人精神不乱，无论经济如何困难，只要我们大家志气不馁，那么，前途便有无穷的希望"[78]。他提倡对师范大学的学生开展人格教育，提出师范大学培养的学生与其他学校培养的学生不同，首先应该强调什么是为师之道，应当在加强师范生的学识的同时，加强品德修养的培养，他也将这种思想写进了北京师范大学的校歌。[79]他在毕业典礼给学生致辞时也劝勉学生：我们师范学校毕业的学生要振作起来，进而改良社会环境，使社会上有能力的人和团体对我们教育界给予更多的关注和同情。[80]

五四运动之后，北京的一些大学管理松散，有些学生放纵自我甚至颓废堕落。北京师范大学也概莫能外。他担任校长后，严格学校教

学和学生管理，制定了五条严格管理的规定：第一条是严禁在外留宿，或者夜不归寝，应当完全寄宿在学校之内；第二条是应严格限制学生缺席，旷课满 1/3 应当休学，无论任何原因；第三条是应当严格进行考试；第四条是限制学生到外面去兼职；第五条是每周三要在操场举行一次周会。[81] 这些规定出台后，刚开始学生有抵触情绪，但规定照常执行，并没有遭到太大反对，之后，学生们几乎主动接受这些规定。他在给毕业生的题词中特别强调"以身作则"，希望学生拥有健康的身体和日日进步的学识，从而能够赶上不断变化的世界。范源廉告诫学生，"青年学生求学的目的不仅要求增长学识，还要增加气力。在物质方面要注重保养身体，在精神方面要注重修养'意志'"[82]。

接手校长后，范源廉很快发现，学校的经费捉襟见肘，很多时候甚至一分钱都没有着落。尽管范源廉多次到财政当局去交涉，有时候甚至去很久，但是仍然无法获取经费，导致校内校外欠下了30多万银元。[83]面对如此困局，他只能竭尽所能去破解。一方面积极开源，向财政和社会各界募集善款，也要求学生交费，希望学生尽早交付自己的住宿费用和讲义费用。[84]然而学校在收取学费这件事上，收效并不明显。在第一次发布通告时，只有6人缴纳学费；在第二次发布通告时，也只有33人缴纳了学费。[85]另一方面，他要求学校节省费用。之前学校浪费较为严重，以信封为例，每月用掉大信封、小信封达7000多件，信纸达到一万三千多张。其中，雷斯蒂作长篇英文每月用纸1080张，每月用去洋烛500余支。[86]为此，他希望学校人员"皆留意减省"[87]。

在担任北京师范大学校长的半年中，范源廉注重"教授治校"，他始终在教师管理上推行"民主制"。1924年7月，他辞去校长职务后，北京师范大学一年多未聘请新校长，但校园各项事务仍然井井有条。当局和学校希望范源廉能够复任，但他坚辞不就。1925年1月27日《申报》刊登了其《关于不愿复职的谈话》，范源廉表示不愿意复职的主要原因有三：第一是学校的经费目前仍没有着落；第二是教育受各种因素影响，不能够独立；第三是和十年前办事有勇气不同，目前自己身体衰弱，经不起刺激。[88]虽然他未复任北京师范大学校长，但是仍旧对该校的"教授治校"提出了意见。

1925年，范源廉发表了《建议北京师范大学"教授治校"意见书》一文，介绍了赴欧洲考察时所见德国高校的"教授治校"，并认为这种办法优点颇多，可概括为以下三点。首先，校长是全校的最高行政首脑，各个系主任都是校长的潜在替补者，由于各个系主任与行政负责人校长的职责存在密切关联，以教授治校可以有效地团结全校精神。其次，为了保证政策的连续性，政策应当出自集体决策，这样有助于减少校长的任期结束带来的政策不连续，同时，也有助于调动教授们参与治校的积极性。最后，经常轮换不同的校长，也可以使校内研究学问的精神不断更新，与时俱进，不至于懈怠。

范源廉认为，当时的北京师范大学如果采取教授治校的方案，则不用到外面去寻找校长的人选，悬而未解的事情可迎刃而解[89]，该文所提的意见后来得到北京师范大学的采纳。1925 年 10 月，当局聘请留美学生、物理系主任张贻惠担任北京师范大学校长。虽然之后因时局变化未能采取"轮流坐庄"方式由各系主任出任校长，但范源廉这一建议，实际上是民主管理的智慧，要求全校上下共同参与学校发展，为学校谋长远，对教育和公益都极有益处。

与慈善公益教育理念相伴随的，是范源廉广泛而持久的教育实践。一方面他利用教育总长、北京师范大学校长等公职身份，积极向财政争取教育经费和资助，促进教育事业发展；另一方面，他积极开展募款，或者自身主动捐款，借助社会力量来支持教育事业。考察其捐资助学的实践，主要有以下几个方面：筹办所得税用于教育和实业支出，积极争取财政预算，支持教育文化事业。

范源廉深知税收政策对于教育和实业经费的重要性，于是积极取得民国总统府和财政部的支持。从 1921 年 1 月起，北京政府全面开征所得税。他通过采取一些措施，使收入的 70% 用于振兴教育（国家教育占 50%，地方教育占 20%），30% 用于提倡实业，并规定收入专款专用，无论政府如何变更，不得挪作他用，更不得抵押内外各项债务。为提高政策知晓度，1920 年 10 月 7 日，他指示时任京师学务局局长的张谨，要求其广为宣传使各学校一体知悉，以便执行。[90]1921年 1 月，他又给京师学务局局长张谨下令，要求北京率先执行，按照章程征收必要的税金，以便给各地树立榜样。北京所有京内外的各个机关的大小官员的薪酬年金，以及其他公家给予的个人所得，都应该按照法律进行核算，依照章程进行征税。[91]

这些经费，有的直接用于学校办学，有的补助给学生，有的补助给文化机构。1917 年 2 月，北京师范学校的隶属关系从教育部划归京师学务局。范源廉于 2 月 23 日签发总长令，立即要求经费按原来标准由京师学务局予以拨发，并强调如果今后财力充裕，可以视情况增加预算，也可以根据情况增加设备，以达到注重师范教育的本意。[92]同时，对北京女子职业传习所也有支持。

受西方职业教育思想和实业救国思潮影响，当时在全国各地，由民间力量兴办了一批刺绣、蚕桑、编织类的职业传习所，这是中国近现代职业化教育的开始。而北京务本女子职业传习所就是当时众多民间女子职业教育的一所，以刺绣、纺织等为特色。它的设立被誉为清末民初职业教育发展的胚胎。[93] 该校校长段廷珪于 1873 年（清同治十二年）出生，与范氏是湖南同乡，兴宁县（今资兴市）寥江市人。1898 年，他考取了北京京师大学堂首批公费生，在校期间积极参与社会活动，主动积极宣传具有革新精神的维新思想，他的这一行为为校长蔡元培所赏识，因此，毕业后被留校任职。在担任了几年教职后，段廷珪回到湖南，先后担任几个与教育相关的职务，如提学司视学、学堂监督、省立第三师范学校校长等职务。1918 年春，段廷珪调任北京教育部，直至 1923 年返回湖南衡阳。其间，他与同乡同僚创办了北京务本女子职业传习所。传习所创立后，需要教育经费支持。于是，范源廉积极协助段廷珪向总统府和教育部申请办学经费特别补助，最终得到了时任总统徐世昌的支持。

1920 年 12 月 31 日，他专门给京师学务局下令，要求其按照大总统要求，拨付北京务本女子职业传习所所长段廷珪五百元，这五百银元为特别补助，用以维系女子教学的持续性，并希望教育部即刻查验，转告段廷珪到收支处领款。[94]

此外，范源廉还对注音字母传习所提供了必要的经费支持。北京市档案馆中收录了两份有关范源廉补助讲习所经费的指示。注音字母传习所是王璞所办，其运行经费常常捉襟见肘，于是向京师学务局提请补助。范源廉对于该申请，一周之内，先后两次进行了指示。第一次是在 1916 年 8 月 29 日，认为王璞所言属实，是否拨给经费由京师学务局"酌量办理"[95]，虽没有说明确切数额，但要求给予适当补助。第二次指示是在 1916 年 9 月 4 日，他要求对注音字母传习所的补助应当每月增加百元经费，并且指示今后可由学部在预算中弥补。[96]注音字母传习所承担文字推广任务，时任所长王璞是国语"读音统一会"取得重大成果的第一功臣。[97]为注音字母传习所一周之内连续下两道命令予以经费资助，足以看出范源廉对教育文化事业的重视和关爱程度。

范源廉不仅对学校进行公益助学，还具体而微地将助学事项落实到具体的学生上。北京市档案馆藏中收录了一份范源廉公益助学的档案，是有关为留日学生傅为基宽限两月学费的。这份档案是范源廉给当时的京师学务局局长彦德的命令，要求其"应准如呈办"[98]。教育总长关心一个留日学生两个月的学费凸显出他对大时代背景下小人物的关心。

值得一提的是，范源廉及好友熊希龄还曾帮助萧三等人赴法留学。1918 年 8 月，包括萧三在内的 20 多名新民学会会员在北京勤工俭学，以筹备留学的资金。由于人生地不熟，他们的筹款并未如预期一般顺利。熊希龄和范源廉等人联系杨昌济、胡元倓，在他们的奔走担保下，每位留学生都从侨工局借到了 500 元资金。虽然这笔款项对这批赴法留学的学生而言仍旧杯水车薪，但这一举动对留学生群体却意义非凡。

除了给予困难学生经济上的帮助外，范源廉还注重兴办专门教育机构支持贫困儿童接受教育。他积极支持京师警察厅经办贫儿半日学校。各区警署共设立 53 处半日学校，兴办一年多来，累计收录贫困儿童 4000 多名，这一举措"实于补助生计、普及教育均有裨益"[99]。

图书馆是一个集科学、文化、教育和科研于一体，负责各类文献的收集、整理和传播的专业性机构，具有促进思想教育、提升文化素质和丰富群众文化生活等功能。范源廉对图书馆情有独钟，他极为重视图书馆对于大学教育和开民智的重要作用。范源廉先后参与筹建纪念蔡锷的北京松坡图书馆和纪念戴震的东原图书馆，还参与合办国立京师图书馆，他不仅参与众多图书馆的筹建，更为图书馆的健康发展提出可行性建议。

范源廉和蔡锷既有同乡之情又有校友之谊，两人关系密切。蔡锷不满 15 岁便考入时务学堂，他在同学中年龄最小，但英气逼人，朝气蓬勃。一开始，蔡锷因为体弱，像文弱书生，并不被人们重视，但他的言辞论点非常有见解，常常一鸣惊人。范源廉和蔡锷从时务学堂起便是同学，戊戌政变后同入南洋公学，继而又受梁启超感召，同赴日本留学，之后两人都参与自立军起义且幸免于难，他们之间算是过命的交情。

蔡锷逝世后，社会各界均表痛惜。蒋百里认为，蔡锷虽然没有死在沙场，但是他布衣简食，早起晚睡忧心国家，即便是临终之时也恨自己未能马革裹尸，这与死在疆场一样。为了纪念这个在护国战争中做出突出贡献的弟子，梁启超强调其"为国民争人格"，康有为则送出挽联题词"微君之躬，今为洪宪之世矣；思子之故，怕闻鼙鼓之声来！"[100] 蔡锷逝世后不久，有人提出要为蔡锷塑金身，立祠堂。而范源廉一众认为，这与蔡锷身前"专崇实际，耻冒虚荣，遗电谆谆以薄葬为请"的宗旨不符，若有铺张浪费，反非蔡锷本意。

和蔡锷交好的贤达们普遍认为应该以一种可以泽被后世、让人怀思的方式来纪念蔡锷，他们的初步思路则为创设松坡大学。然而，建立一所完整的大学并非易事。众人想到了蔡锷生前非常喜欢读书，热衷藏书，走到哪里都随身携带书籍，且蔡锷逝世后，其家人将保全书籍的责任交给了治丧之人。在这种情况下，范源廉一众考虑到蔡锷遗墨众多，还有随身用品多件，应当公诸于世。借鉴于欧美各国均有图书馆，"今世各文明国图书馆之设，遍于都邑"[101]，而中国却鲜有私人图书馆，于是便发起创设了松坡图书馆。这样，蔡锷的书籍既得以完整收集藏于图书馆中，国民又可以从这些书籍中窥见蔡锷一生，吸取知识养分，可谓一举多得。"馆既建，则即可于馆中奉祠铸像，于是普通崇报之典抑未有缺也"[102]。

参与治丧之人就纪念蔡锷创设图书馆达成共识。当时参与图书馆创设的，除范源廉外，还有唐绍仪、梁启超、王士珍、孙宝琦、曹锟、王占元等共26人。经过多方协商与努力，他们决定先任命一位松坡图书馆主任，负责主持筹办图书馆的一切事宜，再由筹办主任指派几名筹办员，分别负责图书馆筹办的各项事宜，[103] 并为筹集资金和图书等方面事宜颁布了十条简章。[104]

从这份简章中可以看出，范源廉等人对创设的图书馆十分用心，

北京北海公园快雪堂

他们对图书馆的选址、建设设计、藏书总类及编排、募捐资金的储存都做了详细规划。另外，他们还辟出空间，单独设立一室来储藏蔡锷遗物，足见其重视程度。1918年，在梁启超和范源廉等人的共同努力下，购置了徐家汇姚主教路（今天平路）余村园，改名"松社"，开始建设图书馆。

随着图书馆动工，梁启超等人又积极购买书籍。他结束欧洲考察，于1920年回国，随即利用从欧洲带回的1万多册书籍成立了图书俱乐部。俱乐部主要集中在北京西单石虎胡同。1922年，北京政府先后将几个图书俱乐部所在的西单石虎胡同和快雪堂拨给松坡图书馆。由梁启超等人从欧洲带回的这 1 万多册图书构成了松坡图书馆基本馆藏书籍的一部分，另一部分是北洋政府调拨所购杨守敬的 2.4 万册藏书。1923 年 11 月 4 日，松坡图书馆正式成立，梁启超担任首任馆长。

为了纪念蔡锷，松坡图书馆定于每年的 12 月 25 日这天举行纪念云南起义的祭祀活动。此外，每逢蔡锷将军的忌日，松坡图书馆也会有相应的悼念活动。1925 年 10 月 1 日，随着北海被辟为公园对外开放，松坡图书馆也正式开放。松坡图书馆还曾出版过两部书——《曾胡治兵语录》和《松坡军中遗墨》。1928 年梁启超去世后，松坡图书馆不再设馆长之职，改由公推 7 位常务干事和 1 名主任主持日常事务。因经费困难，1929 年，松坡图书馆在西单石虎胡同的馆址被卖给蒙藏学校。此后，松坡图书馆便只有北海一处馆址。1949 年后，北京图书馆接收了松坡图书馆的藏书和房屋，中国革命博物馆接收了馆内所藏蔡锷等人的相关文物。

在松坡图书馆之后，范源廉又促成了东原图书馆的成立。东原是清代著名学者戴震的字。戴震被梁启超称为中国近代科学的先驱，是晚清以来影响最大的思想家之一，曾于 1773 年被召为《四库全书》纂修官，对音律、文字、算学、地理等都颇为精通。

1922 年，隆阜村成立了安徽省立第四女子师范学校，操场就在戴震故居内。安徽省立第四女子师范学校还办起平民学校，开展扫盲教育。1923 年到 1924 年，到平民学校学习的学员有 2000 多人。东原图书馆设在戴震的家乡休宁 [105] 隆阜，当时位于安徽第四女子师范学校内部，但与师范学校不存在行政隶属关系，独立于学校，据称本是戴震读书之处。

1924 年，北京学术界隆重举行了纪念戴震诞辰 200 周年活动。活动期间，范源廉、梁启超、胡适、陶行知等人倡议创办东原图书馆。《晨报副镌》中刊登了一篇图书馆的募捐办法，即《东原图书馆募捐办法》，文后列名者有范源廉、陶行知、许世英、蒋梦麟、胡适、梁启超等 17 人。《东原图书馆募捐办法》第五条也同样规定了不同规格的致谢办法，其中提到捐赠者可命名某某厅。[106] 消息传到戴震的老家隆阜，立刻得到乡贤戴英、戴绳武的积极响应。他们要为先哲戴震的思想、学问留下能给人以研究、景仰的场所。于是，戴绳武买下"摇碧楼"，最终"隆阜戴氏私立东原图书馆"以此为基础建了起来。摇碧楼，不仅成为当时全国保存戴震著作及其他珍贵古旧书籍、进行戴震学术研究的第一楼，更为重要的是，在楼内设有女界图书室、阅报室、儿童阅书室，提供面向大众平民的教育服务。因此缘故，梁启超对东原图书馆寄予了开民智的厚望。[107]1957 年，该馆交给国家管理。

1909 年，在张之洞的建议下，清朝设立了京师图书馆。然而，图书馆还未来得及正式运行，清朝便覆灭了。京师图书馆在民国政府成立后，由北洋政府教育部管理。1925 年，由教育部与中华教育文化基金董事会共同签订了一份重要的文件，即《合办国立京师图书馆契约》。同年 11 月成立了国立京师图书馆委员会，以范源廉为委员长。1926 年 10 月，京师图书馆更名为"国立京师图书馆"。该图书馆由中华教育文化基金董事会与教育部合办，对于双方的职责和贡献，教育部将方家胡同收藏的旧籍移交给国立京师图书馆。中华教育文化基金董事会拨款一百万元为国立京师图书馆建筑馆舍，每月教育部和董

中华教育文化基金会董事会合影

事会各支付日常运行费用4千元。尽管契约如此，但是当时国库空虚，教育部无力支付每月4千元的费用。因此，国立京师图书馆事实上是由中华教育文化基金董事会独家经办。于是该基金会在1926年又另办北平北海图书馆，次年，教育部讨论图书馆的用地问题。直到1928年，南京国民政府成立，图书馆的筹备工作方提上日程；同年7月，国立京师图书馆更名为国立北平图书馆。1929年，国立北平图书馆与中华教育文化基金董事会自办的北平北海图书馆合组，仍名"国立北平图书馆"。这是北平图书馆第三次搬迁，也是第三次开馆。

对于国立北平图书馆和北平北海图书馆的合组，教育部部员并不认同，还曾致函中华教育文化基金会干事长范源廉。这些部员主要是指陈垣、马裕藻等5人组成的北平图书馆筹备委员会。委员会认为在

国立北平图书馆旧址

合组之前，国立北平图书馆较早，而北平北海图书馆较晚，合并则是本末倒置；同时，国立北平图书馆由中美教育基金会资助，董事会中有美国人，这不是完全的国立，受美国人监督，实际的支配权不在政府和人民手里，将国立京师图书馆和北平北海图书馆合组是有关国体的事情，并以此为由拒绝两馆合组。[108]为此，范源廉回函教育部部员，说明了庚子赔款的使用和图书馆的主权等问题，以解除教育部部员的疑虑。[109]在范源廉的斡旋下，1930年国民政府教育部下达第91号训令，核准合组国立北平图书馆办法及组织大纲，[110]同年，国家图书馆第四次搬迁，第四次开馆。

范源廉不仅积极推动图书馆的建设和发展，还促成中华图书协会的成立。他发表《呈请补助图书馆文》支持图书馆的发展，并指出救亡国家的学问还需要研讨和追寻，这就必须大力发展图书馆教育，用以与世界各国争数千年文化发展的权威，这件事非常重要。于是范源廉组织各界人士"汇集全国公立私立二百余图书馆及国内研究斯学之人，组织中华图书馆协会"。[111]

　　作为中国现代图书馆专业学术团体，中华图书馆协会于1925年4月25日在上海召开成立大会，6月2日在北京举行成立仪式。它的宗旨是"研究图书馆学术，发展图书馆事业，并谋图书馆之协助"。该协会设有分类、编目、索引、出版、图书馆教育等多个专门委员会。在范源廉作为董事期间，中华图书馆协会曾进行过一次全国所有图书馆的系统调查，这次调查纵向上包括全国、各省、重要城市的图书馆，横向上包括图书馆、新书、善本、期刊等，这在当时是极为不易的。

[1] 如孙瑛认为，当时教育部中"出现了以范源廉为首的旧派势力和以蔡元培为首的新派之间的争权夺利的斗争，旧派得到袁世凯的支持，人数也是他们为多"。孙瑛：《鲁迅在教育部》，天津：天津人民出版社，1979年，第11页。

[2] 范源廉：《辞教育部总长电》，《民立报》1912年3月16日。

[3] 梁容若：《记范静生先生》，收入《台北传纪文学》1962年第1卷第6期，转引自《范源廉集·附录》，第652页。

[4] 蔡元培：《我在教育界的经验》，收入高平叔编：《蔡元培全集》第7卷，北京：中华书局，1984年，第197、201页。转引自张晓唯：《民国时期"教育独立"思潮评议》，《历史教学》2001年第7期。

[5]《顺天时报》1912年8月1日。《民立报》1912年8月8日。参见高平叔：《蔡元培年谱长编（上）》，北京：人民教育出版社，1996年，第476页。

[6]《临时教育会议日记》，《教育杂志》，1912年第4卷第6号。

[7] 吴家驹：《追忆范静生先生》，《岳阳文史》第9辑，湖南省岳阳印刷厂，1995年，第236页。

[8] 同上书，第237页。

[9] 蔡元培：《对于新教育之意见》，《民立报》1912年2月8日。转引自田海

林:《辛亥革命前后儒家文化的命运——对清末民初"尊孔读经"问题的考察》,《山东师范大学学报》(人文社会科学版) 2003 年第 2 期,第 87—88 页。

[10]高平叔:《北京大学的蔡元培时代(二)》,《北京大学学报》(哲学社会科学版) 1998 年第 2 期,第 42—55 页。

[11]蔡元培:《复吴敬恒函》,1917 年 1 月 18 日,收入《蔡元培全集》第 3 卷,第 10 页。

[12]吴家驹:《追忆范静生先生》,《岳阳文史》第 9 辑,湖南省岳阳印刷厂,1995 年,第 237 页。

[13]范旭东:《先兄静生先生行述》,见《范源廉集·附录》,第 633—634 页。

[14]《范源廉集》中有数封致陆费逵和王云五的信,后来陆费逵撰写的《悼友人范源廉》,也回忆了这一段历史。《范源廉集》,第 394—396 页、第 625 页。王敏、臧佩红:《范源廉与法政大学、中华书局》,收入复旦大学历史系、出版博物馆,中华书局等编:《中华书局与中国近现代文化》,上海:上海人民出版社,2013 年,第 270—282 页。

[15]蔡元培:《我在教育界的经验》,收入高平叔编:《蔡元培全集》第 7 卷,第 201 页。

[16]范源廉:《范源廉集》,长沙:湖南教育出版社,2010 年,第 6 页。

[17]范源廉:《肉体精神平均发达说》,《通俗教育研究录》第 3 期,1912 年。收入《范源廉集》卷一《言论辑录》,第 11—13 页。全文如下:"私意今日社会教育,当以提倡精神生活为方针,而以讲演会、白话报等种种方法,本此方针,尽力推广……独是实行此事,行政机关固宜力负责任,惟社会教育与社会关系密切,头绪纷繁,常有为行政机关力所不能及者。此则全恃热心改良社会诸君,随时体察,遇有妨害教育之旨者,则设法制止之,有助益教育之力者,则设法提倡。例如新闻纸中登有不良之广告,一经传布,其感化力甚广。在政府即明以为不然,亦难辄为禁阻,而热心社会教育者,即可以私人资格劝止之;不听,则倡反对之说,以矫正之。"

[18]范源廉:《肉体精神平均发达说》,收入《范源廉集》卷一《言论辑录》,第 11 页。

[19]同上。

[20]范源廉:《说新教育之弊》,《中华教育界》第 17 号,1914 年 5 月。

[21]同上。

[22]范源廉:《中国精神上之开放》,《中华教育界》第 18 号,1914 年 6 月

13 日。

[23]范源廉:《呈大总统陈明 民国四年颁行各种教育法规应分别废止修改》,《教育公报》第 8 卷第 10 号,1916 年 9 月 7 日。

[24]范源廉:《莅全国教育会联合会演说词》,《教育公报》第 4 年第 1 期,1916 年 10 月 13 日。

[25]范源廉:《教育部训令三则》,《教育杂志》第 4 卷第 7 号,1912 年 9 月 4 日《政府公报·命令》。相关文字如:"诸生在校,当以致力学业,锻炼身心为务。有耕织操作终岁勤苦之人,而我得饱暖求学,则应感谢家庭及社会,有监护教导之人,而我得安坐受业,则应感谢管理员与教师。"

[26]范源廉:《教师之大任》,《中华教育界》第 14 号,1914 年 2 月。

[27]范源廉:《教育部训令三则》,《教育杂志》第 4 卷第 7 号,1912 年 9 月 4 日《政府公报·命令》。

[28]范源廉:《调查美国教育报告》,《中华教育界》第 8 卷第 1 期,1919 年 1 月;《新教育》第 1 卷第 4 期,1919 年 5 月。

[29]同上。

[30]同上。

[31]范源廉:《赴美调查教育之情形》,《法政学报》第 8 期,1919 年 1 月。

[32]范源廉:《调查美国教育报告》,《中华教育界》第 8 卷第 1 期,1919 年 1 月;《新教育》第 1 卷第 4 期,1919 年 5 月。

[33]高平叔:《蔡元培年谱长编》第一卷,北京:人民教育出版社,1999 年,第 476 页。

[34]鲁迅:《鲁迅全集》第十四卷,北京:人民文学出版社,1980 年,第 17 页。

[35]张志民:《时遇与机缘——谈范源廉、梁启超与北京美术学校之创建》,收录于《追寻记忆民国以来中国美术问题的思考》,石家庄:河北教育出版社,2014 年。

[36]范源廉:《论义务教育当规定于宪法》,《中华教育界》,1913 年 7 月。

[37]同上。范源廉列举了几个国家的宪法,如丹麦宪法(1866 年)第八十五条:不能教育其子者,其儿童于小学应受无费之教育。瑞士宪法(1874 年)第二十七条:各州须设备初等教育,其教育须为充分的。初等教育行强迫制,在公立学校中并须免收学费。联邦对于不履行此等义务之州,须以必要之方法处分之。又本条之修补条文(1902 年):各州履行初等教育之义务时,须给予补助金以助之。又按瑞士联邦中之给耐佛州宪法第一百三十六条,办尔纳州宪法第八十七条,阿奔塞尔州宪法第二十七条,皆规定义务教育,兹不备录。葡萄牙宪法(1911 年)第十一条:行强迫初

等教育，且不收取学费。普鲁士宪法（1850 年）第二十一条：公立学校当加十分之注意于少年教育，父母及其代理者，不得令其子及保育者缺于公立小学校所规定之教育。第二十五条：公立小学校之建筑费、维持费及扩张费，由城镇乡负担之。若证明其不堪负担时，由国库补助之。公立小学校之授业不得征收学费。

[38]范源廉：《论义务教育当规定于宪法》，《中华教育界》，1913 年 7 月。

[39]同上。

[40]同上。

[41]同上。

[42]范源廉：《教育部训令三则》，《教育杂志》第 4 卷第 7 号，1912 年 9 月 4 日《政府公报·命令》。

[43]同上。

[44]见《临时政府公报》第 4 号。璩鑫圭、唐良炎编：《中国近代教育史资料汇编·学制演变》第 3 章《壬子癸丑学制的制定和修订》，上海：上海教育出版社，1991 年版，第 596—597 页。

[45]见《教育杂志》第 4 卷第 7 号，1912 年 10 月 10 日。见璩鑫圭、唐良炎编：《中国近代教育史资料汇编·学制演变》第 3 章《壬子癸丑学制的制定和修订》，第 651—652 页。

[46]范源廉：《范源廉集·附录》，第 479—485 页。

[47]范源廉：《整顿学务谈》，《教育杂志》第 4 卷第 6 号，1912 年。

[48]范源廉：《严订考试毕业生章程》，《教育杂志》第 4 卷第 9 号，1912 年 12 月。

[49]吴家驹：《追忆范静生先生》，《岳阳文史》第 9 辑，湖南省岳阳印刷厂，1995 年，第 227 页。

[50]同上书，第 232 页。

[51]范源廉：《在中国科学社第三次常年会上的讲演》，《科学》第 4 卷第 5 期，1918 年 8 月 31 日。

[52]《南开大学开学》，《大公报》1919 年 9 月 25 日。

[53]缪志明：《南开大学首次开学典礼》，《今晚报》2019 年 5 月 29 日。

[54]《数学系大事记（1919—1949）》，http：//sms.nankai.edu.cn/2014/0228/c5544a52241/page.htm。

[55]何荣林主编：《南开校史研究丛书》第 12 辑《校董主席范源廉》，天津：天津教育出版社，2011 年，第 157 页。

[56]范源廉：《复南开大学张伯苓校长函》，收入《范源廉集》卷三《未刊遗

稿》，长沙：湖南教育出版社，2010 年，第 455 页。

[57]同上书，第 468 页。

[58]范源廉:《复南开学校董事会函》，收入《范源廉集》卷三《未刊遗稿》，长沙：湖南教育出版社，2010 年，第 418 页。全文如下：顷接本月五日来函，知将于十九日举行例会，弟现因在中华教育基金董事会服务，于兼任校中董事一职事，实上殊多不便。除前次函陈外，并已将详情告知伯苓校长，请其转达矣。敬祈俯赐鉴察，准予辞职，另选贤能，补充斯席，至为感荷。

[59]范源廉:《今日世界大战中之我国教育》，《中华教育界》，1914 年 11 月第 23 号。

[60]同上。

[61]同上。

[62]同上。

[63]同上。

[64]同上。

[65]同上。

[66]同上。

[67]"今日之交战国人民之从军也，一闻召集之令，无论其职为官吏、为农工、为商贾，其居或远或近，皆立弃其一切私事，以争先入伍。"参见范源廉:《今日世界大战中之我国教育》，《中华教育界》，1914 年 11 月第 23 号。

[68]范源廉:《今日世界大战中之我国教育》，《中华教育界》，1914 年 11 月第 23 号。

[69]《清华周刊》，1924 年第 303 期，1924 年 3 月 7 日。

[70]同上。

[71]同上。

[72]陈廷经:《同治三年十二月初四巡视南城掌四川道监察御史陈廷经奏》，载中国史学会编:《洋务运动》（一），上海：上海人民出版社，1961 年，11 页。

[73]康有为:《上清帝第二书》，汤志钧:《康有为政论集》（上册），北京：中华书局，1981 年，120 页。

[74]梁启超:《新民说·论尚武》，北京：北京理工大学出版社，2016 年，241 页。

[75]相关内容为:"方今时局艰危，竞争日烈，非崇尚武力不足以固国防，非

晓畅戎机亦无以振士气。"参见范源廉:《勉励北京师范学校演习野战训词》,《教育公报》,1917 年第 3 期。

[76]范源廉认为国民生活离不开教育。在政治上,中国要想摆脱国弱民贫的境地,实现共和,就必须花费十年甚至是二十年的时间来发展教育;在国际上,外交的后盾便是国家的实力,而国家的实力与国民所掌握的知识体系具有不可分割的联系。换言之,公民受教育程度越高,自治运动就越顺利,军国民教育越兴盛,军队就越精良。参见范源廉:《勉励北京师范学校演习野战训词》,《教育公报》,1917 年第 3 期。

[77]范旭东:《先兄静生先生行述》,见《范源廉集·附录》第 635 页。

[78]范源廉:《在北京师范大学校长就职典礼上的演说》,《教育丛刊》,1924年第 8 卷第 4 期。

[79]相关歌词为:"往者文化世所崇,将来事业更无穷,开来继往师道贯其中,师道,师道,谁与立?责无旁贷在藐躬。皇皇兮故都,巍巍兮学府,一堂相聚志相同。"参见王术军编:《永远的北京师范大学》,北京:团结出版社,2012 年,151 页。

[80]范源廉:《北京师范大学毕业典礼校长训词》,《教育丛刊》,第 5 卷第 3集,1924 年 6 月 19 日。

[81]范源廉:《北京师范大学最近之施设》,《申报》,1924 年 4 月 12 日。

[82]同上。

[83]范源廉(讲),王述达等(记):《师友之关系》,《教育丛刊》1924 年第 5卷第 2 期,附录·16。

[84]同上。

[85]范源廉(讲),王述达等(记):《师友之关系》,《教育丛刊》1924 年第 5卷第 2 期,附录·17。

[86]同上。

[87]同上。

[88]范源廉:《关于不愿复职的谈话》,《申报》,1925 年 1 月 27 日。

[89]范源廉:《建议北京师范大学"教授治校"意见书》,《教育丛刊》,1925年第 6 卷第 5 期。

[90]《准财政部咨开所得税奉令拨充教育实业经费通告原文照录请特令各机关等因刷印原文通告令各校一体知悉》,北京市档案馆藏档案,1920 年10 月 7 日。

[91]《财政部筹办所得税官俸调查表填就送部呈转北京师校》,北京市档案馆馆藏档案,1921 年 1 月 18 日。

[92]《北京师范学校转移管辖经费悉照旧额支拨》，北京市档案馆馆藏档案，1917 年 2 月 23 日。

[93]白中阳：《清末民初女工传习所探析》，《天津大学学报》（社会科学版），2018 年第 5 期。

[94]《大总统捐北京务本女子职业传习所经费》，北京市档案馆馆藏档案，1920 年 12 月 31 日。相关内容如下：据北京务本女子职业传习所长段廷珪呈请特别补助以资维持等情，呈奉大总统批捐洋五百元等因，除函知收支处照发外，相应函达贵部，希即查照，转知该所长自赴收支处领款等因到部，合亟令行该局仰即转令该所知照。

[95]《注音字母传习所因款竭能否补助　仰局酌办》，北京市档案馆馆藏档案，1916 年 8 月 29 日。

[96]《注音字母传习所每月加助百元由局地方补助费项下拨给》，北京市档案馆馆藏档案，1916 年 8 月 29 日。

[97]温云水：《王璞先生与其〈注音字母发音图说〉》，《南开语言学刊》，2010 年第 1 期。

[98]《查明留日自费生徐永禄、徐仁怡履历相符，于舒文履历与册报不通》，北京市档案馆馆藏档案，1916 年 8 月 17 日。

[99]《抄送警察厅办理贫儿半日学校周年概况表并原呈令行知照》，北京市档案馆馆藏档案，1917 年 2 月 6 日。

[100]丁中江：《北洋军阀史话》，北京：商务印书馆，2012 年，300—301 页。

[101]范源廉：《创设松坡图书馆缘起》，《时事新报》，1916 年 12 月 17—18 日。

[102]同上。

[103]同上。

[104]同上。详细内容为：一、本馆设立筹办处，由发起人公推主任一人，主持筹办一切事宜。由筹办主任指若干筹办办员，分任筹办事宜。二、本馆计划：拟在上海购地二十亩左右，兴建图书馆及蔡公祠，树立蔡公铜像于外建公园处。所筹经费，应先尽购地建造用途，后次以购置图籍。如有余款，由同人决议，划出若干款项，作遗孤教养费。三、本馆建筑，采择最新图式，聘用外国技师，于防火及通风、光线等事务十分注意。初办时，书馆规模不求太大，惟仍度留余地，以备扩充之用。四、本馆藏书分为本国书、外国书两大部。本国书凡是四库所有者，务必设法以次搜罗完备。除购置外，凡有以家藏善本而惠赠者，最所欢迎。外国书，英、法、俄、德、日文分橱庋藏，各种科学、文学之名著广为采置，新出版者可随时购取。五、中外书分类编目皆分请专家

任之，务便查览。六、除藏书外，凡蔡公遗物，别设一室宝藏。七、凡捐款贮存上海中国银行及浙江兴业银行。八、凡捐款除直交本筹办处外，其经收机关如下：上海商务印书馆及各省分馆；上海时事新报馆；上海中华书局及各省分局；本筹办处临时委托之机关。九、凡捐款获得后，由筹办主任署名盖印，即将芳名及所捐数目登报，发回收证。十、捐款开支将于本馆落成时，悉数登报，将细数刊印征信录，分别赠送捐款人。

[105] 今安徽省黄山市休宁县。

[106]《东原图书馆募捐办法》，《晨报副镌》1924 年 1 月 25 日。募捐办法全文如下：一、本图书馆为戴东原先生二百周年纪念之建筑物，故定名为东原图书馆。二、本图书馆设在安徽省立第四女子师范学校内，以与该校互助合作为原则，但图书馆为独立机关。三、本图书馆应有图书如下：东原先生本人之著作；东原先生参与之著作；其他与东原先生有关之著作；公众阅览之图书、杂志、报章；师范学校应用之图书、杂志、报章，视经济情况渐增加准备。四、本图书馆募集金额为六万元，约以二万元为建筑费，二万元为第一次购备图书杂志报章费，二万元为逐年生息维持扩充之基金。五、致谢办法：凡捐款、捐书均于结束时登报鸣谢；凡捐款、捐书上百元的均镌名永留纪念；凡捐款上千元的，除却一二两纪念外，并悬挂本人摄影纪念；本图书馆内设阅书厅、藏书楼、办公厅等等，捐款上万元的，除前三项纪念外，即以捐款人的别号或他指定纪念的人的别号命名，即某某楼某某厅；除上列各项纪念外，本图书馆依据捐资兴学褒奖条款条例，陈请政府分别给奖。六、本图书馆设立董事会，以监督馆内事务。十五名董事，由发起人及捐款人通信公推，会章另订。七、收款处公请各埠中国银行担任；无中国银行之地方，公请屯溪程仲沂君担任。八、收款据用三联单：一为收据，交由捐款人收存；二为报告，由经募人交安徽屯溪第四女子师范程仲沂君收存；三为存根，由经募人自行收存。款据印一千本，分送经募人使用。九、募得之款，由经募人即行用东原图书馆名义，存交各埠中国银行，或迳寄屯溪程仲沂君收。

[107] 梁启超：《戴东原图书馆缘起》，载《梁启超全集》第七册，北京：北京出版社，1999 年，4217 页。

[108] 相关原文如下：以原系完全由国家设立之事业并入，于国体有关。若云此系援照成案办理，然案为段政府所定，当时舆论哗然，引为失策。前大学院委同人筹备之初，即金议不与该馆合并，函陈有案。今筹备甫著

规模，拟请就同人等所陈述者，不宜赓续前案，主持施行，一误再误。如因国库收支明细，可暂维持不事拓充。在国家每月支出无多，而所以保持国光者甚大。为此迫切陈辞，伏希垂察是幸。

[109]范源廉：《为国立京师图书馆事函复教育部部员》，《世界日报》1927年2月11日第6版。原文如下：教部同人公鉴，接奉来函，对于敝会与教育部合办国立京师图书馆一事，有所声述。展通之余，无任感佩，唯细译来函所列各条款，似于敝会与教育部合办图书馆经过情形，尚有未尽明了之处，兹特逐项复陈，藉明真相。查图书馆之经营，为我国接受美国退还赔款时所声明应办之事业，嗣因教育部所辖京师图书馆收罗虽富，而馆舍未能适宜，于庋藏阅览，俱感不便，故由部会两方议定合办方法，由敝会另建新馆，庋藏旧籍，一面购置新书，使成为较完备之图书馆。此事既由教育部提倡，又经国务会议议决举办，自无侵越职权之嫌，此对来函所列第一点，应为说明者也。敝会所定分配款项原则，并非全属补助性质，即以事业论，如在美国设立华美协进社，在武昌华中大学，文华图书科设置图书馆学教席等项，俱系自行筹办者也。京师图书馆将来果能依约由部会合办，则馆务之处理，自有章程，以资遵守，既无主客之区分，又何来干涉之可言，此对于来函所列第二点，应为说明者也。敝会所承接之款项，既经美国政府退还，即完全属于国有，凡敝会所营事业，其主权均在我国，此义甚明，无待细述。即以目下办事手续而论，凡经本会董事议决办理之事件，即由其掌管机关主持办理，敝会董事除经费一项须由中美两会计会同签发与稽核外，并未有所干涉，且即此中美会计会同负责之规定，亦仅限于进款期间以内（民国十四年以前）。则来函所谓权操外人者，自属过虑，此对于来函所列第三点应为说明者也。抑尚有一点须为贵同人说明者，敝会与教育部合办图书馆之契约，因故中止实行，现在北海筹备之北京图书馆，系由敝会自行筹办，与国立京师图书馆各不相涉。以上诸点既经说明，想贵同人对于敝会与教育部合办国立京师图书馆一事所发生之疑虑，当可释然。唯敝会与教育部新定合办契约，现方中止实行，将来如有变更之时，当将来函意旨，报告于董事大会，以资讨论，荷蒙明示，用特分别解答，诸希亮察为幸，专复即颂公绥，范源廉启，二月十日。

[110]《1930年2月1日教育部合组北平、北海图书馆第91号令》，载书目文献出版社编：《北京图书馆馆史资料汇编》，北京：书目文献出版社，1992年，319页。相关内容如下：本部前以国立北平图书馆与中华教育文化基金会董事会所辖之北海图书馆合并组成国立北平图书馆，其经过

情形以及该董事会决议两馆合组之办法，暨按办法第二条制定之国立北平图书馆委员会组织大纲，均经由本部呈请行政院鉴核备案。兹奉行政院第 231 号指令……仰该馆知照。

[111]范源廉:《呈请补助图书馆文》,《中华图书馆协会会报》第 1 卷第 2 期,1925 年 8 月。

第三章　从救助到慈善公益的推动者

1. 慈善教育，两利相合

　　与范源廉同时代的慈善家大都注重教育慈善，即结合教育以求救国。如实业家张謇认为国民教育是立国自强的根本，把士农工商皆可涉猎的新式人才看作国家富强的要领，称之为教育中最有实益者。范源廉也认为救中国最根本的措施是要普及现代教育，即先用爱国主义和进步思想来教育国民，如果中华儿女普遍提高了现代文明素养，厚植爱国主义情怀，知晓如何爱国，知道自己的民主权利怎么维护和发挥，在此基础上对政府加以有效的监督，就能推动社会的快速发展，那么中国当时的境况就很好解决了，也不愁不富强了。

　　教育慈善是教育事业的有机组成部分，受到社会、历史等诸多方面的制约，必须是社会生产力、社会文明和人们的慈善理念发展到一定程度后的成果，但它从产生之时起就会给社会现实带来有益影响。教育慈善的因子最早可以追溯到汉代，那时就有免收学费的义学，但这种现象只能说是教育慈善的因子，还不能把它归结为教育慈善。

中国在慈善问题上，向来有自己的体系传承，在传统慈善事业中，还只有临时的慈善救济，并无完备的教育慈善。教育慈善是到了近代才有的新事物。如果说慈善救济主要是输血式救助，那么教育慈善相比之下无疑是造血式救助。一种是救人的生命，一种则是救人的灵魂。所以姑且把慈善救济看成消极救助，当然，救人性命也非常重要，但能使人真正从根本上获救不再陷入贫困的只能是教育慈善。

中国教育慈善经历了由传统向近代的转型，在继承优良传统的同时，海纳百川，吸收西方慈善理念，最有效的一般是救助孤苦孩童，结合时代需要，重视教养兼施的功能。传统慈善一大特点是重养不重教，通俗来说，是以物质的资助来缓解被救助者一时的困难。到了近代则逐渐转变为教养兼施，并且以教为主，形象化而言，是授人以鱼的同时授人以渔。如民国初年的张謇便是践行教育慈善的佼佼者，张謇把教育慈善作为一种启民智的手段，将实业和教育结合起来，使公益可救助的范围以及救助的时效得到了极大的延伸。民国一代贤达熊希龄创办的北京香山慈幼院名声在外，是当时最著名的教育慈善机构。

清代十分重视社会救济，在府、州、县都逐渐建立起了各类救济机构，因此，地方公益事业得到了逐步发展。其中，士绅发挥了重要的作用，他们协助官方力量，捐款捐物，备荒赈济，并参与到运营各类慈善机构中，是慈善公益的重要参与力量。随着清政府财力衰弱，尤其在1840年之后，官方力量越来越弱，士绅的权利反而得到扩张，这时候他们成了民间救济的主要力量，很多救济活动开始由士绅主导。

士绅阶层作为我国封建时期的特有阶层，沟通官僚与平民阶层，向民众解释官方的政策，扮演着"官之在民者"的角色，被视为地方利益的代表。他们通常是有财富地位的人，诸如世家大族、门阀富商等，这一特殊群体对地方甚至中国历史的发展都产生了深远的影响。士绅阶层作为社会精英，虽不是"官"，但他们对传统文化、乡土文明延续的作用不可小觑。费孝通在《中国士绅》[1]一书中充分肯定士绅阶层在中国传统社会结构中扮演着十分重要的角色。

士绅的特点是他们常年生活在崇尚传统儒家文化思想的环境中，深受其影响，立志以天下社稷为己任，具有一种浓厚的家国情怀。在近代内忧外患的困局下，士绅阶层忧国忧民的家国情怀更为显著。

晚清前后，慈善思想不再侧重于原来的施善与道德教化，而是逐渐转向教养兼施，解决社会问题，把维护社会正常稳定运行的秩序当成主要目标。晚清以前，善堂主要实行单纯的救济，重点是解决老弱病残的温饱问题，而忽视了生存技能方面的救济。晚清之后，人们开始反思单纯救济的作用，开始主张教养兼施的救济策略。如张謇认为：查地方自治，以进增社会之能率弥补人民之缺憾为其职志。而进行之事业，属于积极之充实者，最要为教育；属于消极之救济者，最要为慈善。教育发展，则能率于以增进；慈善周遍，则缺憾于以弥补。熊希龄同样强调了教育的重要性：苟徒为慈善起见，仅仅救济生命，而不施以相当之教法，则愚者终愚，智者亦将沦没其天才。……是虽可周济于一时，而不能救彻于终身，殊于慈善之结果适得其反也。范源廉指出，国家富强，必须要发展实业；而发展实业，必须要振兴科学，基于这一点，他把科学教育作为实业发展的关键。因此，二者都不是单纯的对老弱病残的救助，而是教养结合的救济思路。

自鸦片战争以后，士绅阶层愈发关注民族存亡的问题，在社会上积极地表达民族主义思想。在这些民族主义思想下，士绅的爱国热情愈发高涨，积极投身于爱国救亡运动中。这一时期士绅的思想经历了一个由对内到对外的转变，从传统忠于家国一体的思想转变为强调保家卫国的思想，从各方各面寻求办法拯救中华民族被灭亡的命运。

范源廉作为传统士绅的代表，在积极参与保家卫国的大道上，以爱国相砥砺，以救亡为己任，在自己担任教育总长的任期内积极发挥军国民教育思想，普及教育和发展社会教育，正是体现了传统士绅的文化责任自觉。[2]

鲜为人知的是，范源廉也是民国时期教育慈善的积极发起者之一。范源廉的教育思想是坚持教育救国，他的慈善事业多围绕教育展开，密切关注时局。范源廉的教育思想有以下几个方面的特点。

注重教育救国的观念。早在清末民初，国家经历生死存亡之际，他已意识到要通过军国民教育来培养一大批为国弃家、临危受命却万死不辞、百折不挠的爱国之人，才能挽救民族危亡。范源廉还指出，在列强入侵、积贫积弱的中国，如若不在全国范围内普及教育、奋力直追，挽救衰颓的国势，在未来难与实力雄厚且日渐强大的国家争夺生存空间。

注重普通教育。范源廉指出，中国延续千年的科举制度使没有条件读书的贫民百姓对时事一无所知，虽然"皮之不存毛将焉附"，但大多数国人对国事持有一种漠然的态度，热衷于私而淡薄于公。国民智识低下，见识浅薄，缺乏国家观念，当国门被侵略者打开，国家遭受列强瓜分时，人们还未能充分意识时况的凶险。因此，范源廉认为无法在国民智识普遍偏低的背景下，只凭借少数社会精英来改造社会，而是要从全体国民出发，普及教育，提高整体素质，增强国家观念。时下的科举制度，主要目的在于考选人才做官，完全没有顾及到国民的普通教育。

重视义务教育。范源廉指出，义务教育应该被纳入国民必须要接受的教育，成为一种强迫的教育，他重点强调"义务"。

发展实业教育。范源廉指出，实业学校同实业界的鸿沟并没有因实业学校的增加而缩小。实业学校的学生虽然精通理论知识，但事实上能在实业界有所建树、取得卓然成就的人比例很低。有鉴于此，范源廉提出构建实业界与教育界的联系，培养出真正符合实业界需求的学生，才能为我国实业发展做出更大的贡献。

熊希龄的慈善实践有两个特点：第一是注重以工代赈。如组织灾区的大批青壮灾民修筑马路。在当时，熊希龄采取这种方式，依赖全国之力，使赈济灾民的思想与行动能够最大限度地发挥积极效果，成效显著。第二是注重全面教育的思想。熊希龄非常重视儿童教育。他指出：窃维国家之强弱，视乎教育之能否完善；种族之强弱，视乎卫生之能否精密。然此皆以儿童为基础。故儿童教育能普及者，其国必强。他还认为德智体娱技等对于儿童的发展而言都十分重要。他尤其强调儿童的道德教育和伦理要求，亲自制定了关于道德的规范《习礼法》。此外，他还鼓励用多种方式对儿童进行教育，包括用格言、故事等方式。在注重儿童智育与娱乐上，熊希龄认为应该通过自然的方式启发儿童，寓教育于孩童平常的游乐之中，在潜移默化中增长他们的知识，开发他们的智力，并逐步培养儿童的兴趣和爱好。在儿童体

香山慈幼院

育上，熊希龄指出：本院儿童处于难艰困苦饥寒交迫之中，其心理上之愉快，当不如富室之儿童，而体育运动，中国儿童亦不如美国儿童之活泼。香山慈幼院为改善儿童劳动技能的培养现状，还制定了《劳动法》，并建立了庞大的农工实习场所。

同样注重教育慈善实践的严修，慈善活动主要集中在南开系列学校中，其慈善思想有以下三个特点。

第一是注重大学教育，并将教育与救国联系在一起。严修认为，教育的培养对象不仅是为了造就少数人才，而在造就多数之国民。严修非常注重教育的普及，在与好友的通信中，他曾提道："自国民教育之义逐渐发明，办学者以普及为美谈，以强迫为急务。"他认为普及中国教育迫在眉睫。他曾分析一个国家的实力强盛与教育普及间的关系，将中国当下的积贫积弱归因于教育无法普及，进而指出为改变中国大病"曰私、曰弱、曰虚"的困境，必须通过教育的普及与推广来培养更多的接受过教育的国民，而不是依靠传统的精英教育。要让全国每一个人都能得到接受教育的学习机会，在此基础上实现提高国民素质的目的。此外，严修更将教育的普及上升到一个战略的高度，他指出：如果教育得不到普及，那么中华民族将逐渐沦为一个拙劣的民族，在当下各个强国争锋的境况下，其必然无法生存下去。这就说明了普及教育对于民族强弱有着决定性影响。

第二是全方位多渠道筹资做慈善。首先，严修捐献了自己的全部家产用来办学校。严修出身商贾大家，常年接受世家捐资兴学的理念熏陶，加之晚清时期，社会动荡不安、国库空虚，在这两方因素的影响下，严修意识到通过个人财产兴办教育的可行性，并发展出独特的捐资办校教育思想。严修曾在贵州担任过三年学政，发现贵州不乏好学能文之人，但他们的见识太过浅陋，志向和兴趣也过于狭隘。此时，他初步形成了以个人资金兴办教育的主张，并希望由此培育视野开阔的优秀学人。期间，严修以身作则，用俸禄购置图书并设立奖学金，带动地方官绅捐书捐款，来运行贵州官书局。另外，严修利用身为天津盐商世家子弟佼佼者的优势地位，号召天津富商捐资兴学，响应者颇多。基于自身这一优势，严修积极号召津门地方士绅捐资于教育事业，如在严修的建议下，1906 年北京北洋小学接收到了王益孙的捐资。尽管面临清高的教育事业是否能够接受军阀钱财的争议，严修依旧坚持借助军阀政客的财力兴办教育。他还在南开学生反对学校向北洋军阀募捐时指出军阀的钱财就好比是偷盗过来的水，虽然不能用来喝，但是用它来洗洗脚，这也可以说是一项有益举措，将军阀、世家用以挥霍或者剥削而来的资金募捐过来，用于促进中国教育事业的发展，这不是一举两得吗？

第三是注重民办教育。他提倡教育改革，以官立、私立等多种方式兴办教育，这种改革成效显著。这一思想的成形跟他两次游历日本有关，在游历日本期间，他关注民办教育，并投身其中。严修在日记中写道："小学校必须私立乃广，政府之力万不能遍。东京小学校三百余，官立者才八十余耳。"回国后，严修结合中国的实际情况，主张推广民办学校，他认为仅靠官方办学，教育难以得到普及，只有推广民办学校，达到官方力量和士绅力量相结合，借助士绅的力量辅佐官方力量的不足，才能有效地满足中国的需求，才能使地方学务得到兴盛。

张謇在慈善方面也有伟大贡献。他融合了儒、道、释三家慈善思想和西方慈善思想，[3] 形成了较为系统的新儒学慈善思想：在救济时间上要"久"，救助范围上要"遍"，救助方式上要"次第举办"。

与熊希龄类似，张謇更注重灾害救济。1884 年张謇和兄长张詧从沈阳返回家中，经过山东，正当黄河决口，所经之处哀鸿遍野。他有感于惨状，回家告诉家主，就和亲戚好友们将一千多件棉衣送去灾区。1888 年，张謇为了应对海门下沙的水灾，恳请政府批准提用积谷息款，用于抚恤灾民。

　　张謇的第二个特点是注重以工代赈。1920 年，张謇曾就以工代赈来救济灾民这一方法致电熊希龄，他提到，在救济北方灾民这一问题上可以借助灾赈协会，筹措资金用以招聘灾区青年壮丁，投入治河、造林等基础工事，获得工筹，以此实现以工代赈。

　　张謇的第三个特点是注重对弱势群体的照顾，包括老人、弃婴和残疾人。张謇认为，"夫养老，慈善事也。今政无可冀矣，哀其老人，社会宁不当负其责。"当国内战争不断，天灾频发，国家无力供养老人时，社会应当主动担负起这一责任。张謇以身作则，组建养老机构，为孤苦无依的老人提供免费的收容以及医疗等全方位的救助，同时，让老人适当地参加劳动，以保证他们身体与精神的健康。

　　范源廉也是教育慈善的集大成者，他在日本留学期间，目睹日本教育状况，逐步确信只有教育才能挽救中国，并将之作为平生志向。1905 年，范源廉从早稻田大学毕业回国，此后直至 1927 年离开人世，二十余年间他始终秉持着慈善公益这一教育理念，并不懈地将其付诸于实践。他几乎付出了全部心血，为促进教育事业的发展作出了不可磨灭的贡献。

　　范源廉的教育慈善实践集中体现在各式学校的创办和发展上。民国时期清华大学、北京大学、北京师范大学、南开大学等著名高校及招收少数民族人才的蒙藏学校，以职业教育为特色的中华职业教育社等都与范源廉有着十分密切的关系。这些学校的建成和发展有的由他亲自推动和主导，有的由他担任主要负责人，有的他是重要参与者。

　　众所周知，清华大学由清政府用庚子赔款创建。虽然资金源于清廷赔款，但从广义上来讲，也属于善款办学。1909 年 7 月，清政府深感内忧外患，于是组建了"游美学务处"。该机构的任务是负责利用庚子赔款兴办教育事业，随后，游美学务处改名为具有留美预备学校性质的清华学堂。这一期间，范源廉先后担任学务处会办、清华学堂副监督等职，负责学堂的教学管理工作。为节省经费，范源廉与其他负责此项事务的官员都只申领半薪。其实，当时的资金并不缺乏，领取额定薪酬并无不妥，但他想起庚子赔款过去的种种，以及这笔赔款对于中国未来教育事业的帮助，表示要节约经费，要正当使用这笔经费，认为"中国人对于使用赔款的态度，是多与这个实例相合的"[4]。

在清华学堂的具体筹备中，范源廉也做了很多贡献。1923 年 2 月17 日，他在清华大学满怀深情地发表演讲，后经范源廉整理后刊登在《清华周刊》杂志上。在演讲中，他详细回顾大学创办的艰辛，尤其是选派学生赴美留学方面，由于外务部和学务部意见不同，导致学生年龄、成绩评判标准等招考政策互相冲突。比如对于留学年龄，外务部主张十六岁以下，认为十六岁以上学习外语较为困难，很难专精，而与此相反，学务部则认为三十岁以下的人国学缺乏必要的根基，出洋费用也比较大，没有必要。在学习成绩评定方面，二者也有冲突，在外务部取第一名的学生，在学务部是零分，在学务部是第一的同学在外务部是零分。[5] 为此，唐国安、周自齐和范源廉三位联名向上建议，筹备清华完全学校，这也是清华大学的前身。步入民国后，为解决以往的问题，他又向教育部提议将清华大学完全划归外交部进行单一管理，"此所以成为今日之清华也"[6]。此外，清华完全学校创办后，他又积极推动校园建设，提升办学条件，完善校园的马路。[7] 范源廉参与了清华大学创办前的重要决策，并亲身经历了留美预备学校变为独立完整的清华大学的过程。

在学校发展过程中，范源廉十分重视传播公益思想。在 1923 年

清华学堂今貌

2 月的演讲中，他建议学生对国事要抱有乐观态度，凡事应从自己做起，从当下做起，所谓"中国的事不要问别人做不做，就问你做不做。不要等到什么时候再做，就从做学生时代做起"[8]。1925 年 11 月 20 日，《清华周刊》又将他的演讲文稿整理为《师友间的情谊》进行刊登。在这篇演讲文稿中，他对清华大学的变化予以充分肯定，认为学校已经不仅仅是输送留美人才的桥梁，而是为国家和民族培养栋梁之材的大厦。[9] 他进一步号召清华师生不要满足于当前成绩，而要多为社会做贡献。[10] 对于清华学子而言，这无疑是意义独特的谆谆教诲，也体现了范源廉一贯实事求是、以身作则的作风。

此外，他经常参加清华大学的活动和会议，时刻关注清华大学的发展。他在回复时任清华大学校长曹云祥的信函中就有体现，[11] 他对学校师生的请求也都尽力推动，如体育教师郝更生来函募集体育经费，他立即"捐奉体育联合会银四十元，即请查收转赴"[12]。对在美留学的自费学生，他亦给予帮助，并及时将他们的情况反馈给时任清华大学校长曹云祥，希望清华大学能够给予奖学金和津贴帮助。在《范源廉集》未刊遗稿中收录了他为自费留美学生宋麐生、陈咏岚、杜元载等争取留学津贴的公函。如为陈咏岚申请奖学金的函[13]中反映出身为教育总长的范源廉愿意为普通百姓子女请求清华校长给予津贴自助，并且言辞恳切，丝毫没有八股味道，也没有居高临下之感，表达了其对普通人求学的支持。这些事实正是范源廉教育慈善公益实践的表现。

2. 赈灾募捐，救济乡邦

近代中国灾难重重，而范源廉所处的时代正是内忧外患的时代，国内军阀混战割据，日本不断对华入侵。作为爱国志士，范源廉不仅积极发起慈善公益活动，还经常进行爱国救助活动。

1920年，华北五省发生旱灾，民不聊生。1921年2月3日，范源廉以教育总长的名义向世界各华侨学务总会募捐，支持华北五省旱灾赈灾。他致函南洋荷属华侨学务总会等八个华侨教育会，希望快速告知华侨同胞，商定筹款的办法。[14]同时，他还向各省教育厅发函电，希望教育行政人员和学校教职人员量力募捐，支持华北五省抗击旱灾，出小力而行大事，缓解各校学生的经济压力，"且使对于灾民唤起休戚相关之同情，尤合教育旨趣"[15]。他既希望通过聚少成多的方式达到慈善的效果，也认为如能通过慈善公益行为激发众人休戚相关之同情心，则更符合教育的旨趣。

1918 年 4 月 8 日，范源廉发表了为湖南省请赈致《时报》馆电，希望借助其影响力，恳请和呼吁各省长官及海内外热心慈善的人士和团体积极捐款捐物。[16] 在这则电文中，他们号召民间慈善捐赠，并通过在媒体登报等方式褒扬慈善事迹，从而感召更多人参与。除了利用媒体号召政府积极救助湖南灾害，范源廉也积极与同熊希龄、李穆等致电时任总统徐世昌等，希望禁止湖南大米外流，以便留在本省区域范围内接济灾民。1919 年 10 月 23 日，上海《申报》刊登了他们联名于 10 月 20 日发出的电文 [17]，这则函电指出了大米外流对湖南灾民的影响，也反映出范源廉对家乡黎民的关爱和浓厚情谊。

除了水旱等自然灾害外，对于时局混乱引起的乡邦民不聊生，范源廉也尤为痛心，奔走呼吁，募捐救济。

1917 年 6 月，孙中山举起了"维护临时约法和国会"的旗帜，以反对段祺瑞军政府的肆意妄为。当时的西南军阀，为了对抗段祺瑞代表的北方军阀的武统主张，纷纷响应孙中山的号召，由此爆发了护法战争。湖南地理位置特殊，"湘省屏障粤桂，毗连川黔，欲谋经略川黔粤桂，不得不先居衡湘"，无论是南方的护法军，还是北方的讨逆军，对湖南都志在必得，三湘地区由此爆发了大规模的军阀混战。

此次混战，给湖南的民生带来了沉重的打击，1918 年 4 月，湖南醴陵因混战而受到杀害的百姓，竟然多达两万余人，至于其他烧杀奸淫掳掠之事，简直不可胜数，背井离乡沦为流民者，有数十万之巨。桑梓遭难的消息传到北京，当时在北京的湖南名士，如熊希龄、范源廉等人纷纷奔走，试图促成南北之间的议和，消解兵祸。他们广邀社会贤达，予以捐款，好救助因为战火而痛失家园的湖南乡民。

然而遗憾的是，南北军阀根本无视国内请求和平的呼声，湘桂联军和北洋军阀，在湖南大地上你争我夺，直至 1918 年 10 月，主和的冯国璋和主战的段祺瑞分别去职，以"文治"标榜的徐世昌登上大总统的宝座，谋求南北和谈，签订停战协议，湖南的兵祸才得以暂缓。

1924 年，湖南发生水灾，导致"全省七十余县，尽成泽国，流亡死丧者，数十万人"[18]。1925 年，湖南又发生了旱灾，"赤地千里，禾黍焦枯"[19]。面对水灾和旱灾的发生，远在北京的范源廉心系家乡。他立即进行募捐活动，并以范进修堂名义捐银五百元[20]。同时，他又与好友熊希龄联署向时任民国临时政府总执政段祺瑞呈文，请求选派赴湖南赈务督办，以筹办湖南救灾事宜。

在呈文中，他描述湖南水灾旱灾所造成的损失，很多县收成不超过二成，湘西的多个县甚至颗粒无收，难民、灾民比上年还要多，情况十分严重。[21] 因此，救民救灾乃迫在眉睫之事，若不仰仗依赖国家力量予以援助，仅靠民间自救或社会捐助实难支撑。在他看来，选派督办对湖南进行赈灾已有先例。1918 年，民国政府曾经派熊希龄作为湖南地区赈灾督办，而这次水旱灾害接连发生较上次民国七年之惨痛局面更为严重，因此选派得力人士出任赈灾事务督办和会办才能更好地使湖南走出灾害影响。对于选派人员，他建议教育总长章士钊、财政部次长张训钦等人较为适合。[22]

不仅仅动员北京政府方面的力量救助湖南灾害，范源廉还积极求助湖南当地议会动员乡绅进行赈灾。1926 年 1 月 13 日，担任旅京湖南旱灾赈务会副委员长的范源廉与委员长熊希龄，以及副委员长刘揆一等向湘省议会致电，要求他们发挥代表民意的作用，将中行借款拨充赈灾之用。[23]

虽然孙中山发起的护法运动以失败告终，孙中山及一众革命党人仍没有放弃组织和参与民主革命活动，以国家实现民族独立、民主共和、富强统一为目标而拼搏探索。由俄国无产阶级掀起的十月革命成功的消息，启发了孙中山，从这一宝贵的经验中，他明确了反对帝国主义和封建军阀的资产阶级民主革命任务，也由此产生了新的想法，即希望能够学习苏俄革命的经验。1924 年 1 月，中国国民党第一次全国代表大会在广州召开，中国国民党提出要实行联俄、联共、扶助农工政策，开展同苏联和中国共产党的合作。1925 年 7 月 1 日，广州国民政府正式成立，1926 年 5 月北伐战争拉开序幕。

广州国民政府通过东征、南征，逐步建立和稳固，1926 年 1 月，在广州，中国国民党集聚一堂，举行了第二次代表大会，会议提出了对内当打倒军阀的口号。1926 年春天，英国人在长沙无耻地公开殴打雪耻会纠察队员，这件事情促使社会各界爆发了反对英国、驱赵讨吴的社会运动。当时，湘军第四师师长正是唐生智，开始与国民政府进行交流。通过与蒋介石麾下的陈铭枢在湘粤边界进行谈判，唐生智最终作出决定，关于北伐问题，他选择接受国民政府的指挥。

湖南省长军阀赵恒惕坐拥 4 个师的兵力，虽然打着自治的旗号，实际上却是吴佩孚的附庸。与此同时，长沙市民举行反吴讨叶誓师典礼，反吴情绪极为高涨。在与两广地区进行过联通之后，唐生智起兵反赵，一举攻占了长沙、岳阳两地，随即成为代理省长。吴佩孚对于唐生智个人还是比较忌惮的，主要是因为唐生智观念偏向进行革命。几经转折，最终国民革命军进占攸县，以胜利告终。这场胜利不仅使湖南地区的战局得以稳定，也使北进通道就此打开。省议会及团体再次电请赵恒惕回湘。

为了稳定湖南的社会秩序，使湖南及早结束战火。以熊希龄和范源廉为首的湖南籍知名人士积极与湖南和平救湘会保持沟通，希望湘军的各个将领，立刻回到原驻守单位，应当以和为贵。[24] 同时，范源廉等人还提出，若需要他们进行协调配合，"此间也可推举代表，闻命即行"[25]。此后，6 月 9 日，以熊希龄和范源廉为代表的多人共书的《痛陈和战利害致湘军将领暨各公法团电》发表于长沙《大公报》。

在电文中，范源廉等人分析战争所造成的破坏和和平带给湖南的积极影响，再次建议湘军将领和平救湘。[26]

当时在北京的湖湘人士团体，一致认为战争对湖南至少有五个方面的不利之处，而和平亦可带来五个方面的有利之处，于湘于国，都应倡导和平而反对战争。该电文经《大公报》报道后，引起了湖南各界的反响。熊希龄、范源廉、刘揆一等人又是革命元老和教育界高官，他们的奔走和呼号，湖南地方势力不得不重视。

在全国人民的反战呼吁之下，经过多方协商，赵恒惕、叶开鑫以及唐生智都愿意停火。1926 年 6 月 20 日，从南京到达汉口的赵恒惕，分别致电唐生智、叶开鑫罢兵，并电告蒋介石切勿派兵入湘。7 月 4 日蒋介石电劝赵恒惕参加讨吴阵线。8 月 20 日，在长沙的蒋介石发表"对外宣言"，表达出率部队北伐征讨吴佩孚的决心，希望各国予以帮助。[27]8 月 24 日省城人民举行盛大的提灯游行大会，庆祝北伐胜利。

熊希龄和范源廉等湘籍人士的呼吁对北伐时期湖南和平起着重要的舆论作用，在当时混乱的局势下，范源廉爱国救助的公益之心，更加难能可贵。

3. 时代革新，慈善亦新

范源廉一生主要从事教育事业。自1906年从日本留学归来到清朝学部任职开始，直至1927年病逝于天津，他把最好的青春年华都奉献给了教育。在这21年间，他历经清朝、民国，担任过多个政府官职。清朝时，他担任学部主事，民国时期，他又三度出任北洋政府教育总长，及至晚年，他又受邀担任北京师范大学校长、中华教育文化基金会董事、南开大学校董等职。他的任职经历不仅是他提倡教育救国理念的重要舞台，也是他开展慈善公益活动的广阔平台。在教育慈善方面，他既有从教育行政长官的管理者视角，推进了民国北京政府时期慈善公益事业的发展，也有教育家的实践者情怀，通过设立基金会、直接募资助学、救济困难学生等具体行动来倡导和推动教育慈善的发展。可以说，范源廉既是一位教育家，也是一位慈善家，他对教育慈善的推动在同时代人物中是翘楚。

范源廉的慈善思想浓缩在1924年2月的《对劝募捐演说词》电文中，在仅600余字的简短演说里，不仅介绍了灾情，也谈及了他对慈善事业的理解、劝募时的注意事项、教育领域与其他普通市民的劝募区别。[28]

其一，人人参与慈善的慈善观。为了更好地使民众积极捐助，他在演说中表达了自己对慈善的理解，强调慈善无国界，他认为关于赈灾，仅就主观而言，赈灾是慈善事业，但它不仅仅是简单的慈善事业，而是全人类共同生活的原则，是全世界共同的事情，外国人对于救灾也是不分国界的，更何况同处一国的人呢？在你不幸的时候，生活质量瞬间下降，我们应当产生同情心，实行互相帮助。这种思想恰恰就是不分国界的慈善观。范源廉批判了古人所言的"穷则独善其身，达则兼济天下"，而主张人人为善，认为行善不分高低贵贱，善行没有大小之分。贩夫走卒、黎民百姓也可以参与慈善，帮助身边的人也是行善，正所谓"慈善是门槛最低的高贵"。

其二，自愿慈善的慈善观。范源廉认为慈善应基于自愿原则，不得强迫摊派。尤其是在教育系统内，更不得以行政命令要求教职员工强行捐款："就本会一部分言，既欲使教育界中人自行政人员、学校教职员、学生以及工役，均须自由认捐。"同时，他还表示该集募赈捐大会的本意，一是为了促进全民参与，二是借助游览券，获取门票收入，并将一部分用作善款。而教育系统还需出任劝捐员，实则有捐款、购票和劝募三重义务，相对于普通市民任务更重。于是他强调，凡担任劝捐员的，可以免去购买游览券的任务，当然这一原则由各校校长把握："鄙见或由各校长斟酌，凡担任劝捐诸君，免购游览券，庶得其平。此当由各校自为之，会中可不相强也。"

其三，慈善两利功能的慈善观。范源廉强调劝募时除了诚恳的态度、和蔼的语言之外，更重要的是要激发捐款者与他人休戚与共的同情心。也就是说，不仅让捐助者捐款捐物，更重要的是令他们主动参与到救灾济困活动中来，"诸君劝捐之时，务须以诚恳之态度、和蔼之言语以动人，不但使捐款易集，且能使出者发生国人休戚相关之同情"[29]。范源廉认为慈善的目的不是为了自己，亦不是为了别人，而是为了补齐人类部分遭受灾难之缺陷，正所谓于己于他人皆为两利，所谓"今日之举动非为自己，亦非为他人，乃为人类全体有一部分之缺陷，共同弥补之。全体既无缺憾，则一己亦自无缺憾，结果仍不失为自他两利"。

范源廉的慈善之路走到最后已经变成了公益，具有公益的特点。在笔者看来，慈善是一种临时性的捐赠活动，而公益是一种制度性的安排。范源廉的慈善实践具有公益的特点，表现有二。

其一，注重师范教育，注重通过培养更多的教师来进一步地提高整个教育水平，这和培养普通人才的思路不同，是一种长远的看法。范源廉认为慈善不仅仅是一个人的慈善，更重要的是一群人的慈善，因此，范源廉十分重视师范教育建设。他指出，我国兴学之始，有最大之缺失焉，及未能致主力以备师资是也。因此他认为，当时国内发展教育应首重师范之养成，以正本清源，这是迫在眉睫之事。学校管理的混乱加之缺少合格的教师，导致当时教授的知识和方式并不适应时代发展的需要。在这种背景下，教育误有为青年、阻碍国家进步，给国家和人民造成了巨大损失。因此，范源廉竭力主张整顿师范教育。此外，他还极力推动女子留学。清廷兴学之初，在学制上未给女子留有机会，女子无受教育之权利，范源廉对此并不以为然，既然国内无机会，不妨去国外一试。1904 年，他为此事特地回到湖南，向家乡父老宣扬送女生赴日本学习师范。在湘奔走月余，得到许玉屏、俞经贻等人相助，募得 12 名女士，送入东京实践女学校，专习师范。尽管在此之前已经有女性前往日本留学，但都是自发的、零星的，也都是自费的，官派女子留学日本则肇始于湖南。范源廉风雪无间，关心她们的学习与生活。可见他在教育上并没有重男轻女的观念，并且注意为将来之女子教育预先培养师资。待他回国进入学部后，更是全力协助严修起草女子小学及师范章程，终于为女子争得一部分受教育权利，实现了几千年来的大变革。范源廉对教师寄予厚望，他认为国家的兴亡与教师密切相关。

此外，他还积极地推行高师教育分区制，据 1912 年《教育杂志》第 4 卷第 9 号文件显示："教育部近日对于高等师范力筹所以维持之术。范总长拟将全国高等师范教育统计划分六大区域，而更以各附近省份之师范教育行政合并办理。今为详述于下：一、直隶区域、察哈尔、热河，山西、山东、河南三省并入此区。一、东三省区域，蒙古东部附之。一、湖北区域，湖南、江西等省附之。一、四川区域，陕西、甘肃、云南等省附之。一、广东区域，广西、福建、贵州等省附之。一、江苏区域，浙江、安徽等省附之。此外蒙古、西藏、青海等地不列入此区域以内，另行组织，至新疆一省则拟另划一区。"

然而，1913 年 1 月，范源廉步蔡元培的后尘也辞职了，主因乃是政见不合。范旭东言其兄此举是"为实行其教育计划而服官"，并"不以服官而稍易其所守也"。范源廉虽不在其位，但仍谋其政。1914年，他在一篇文章中大声疾呼"为今日之教育计，首重师范之养成"，此乃"正本清源，急谋现状之改进，以补偏救弊"，属"不容或缓"之事。其实，他辞职时，高师教育分区制还是个处在襁褓中的婴儿，只有京师优级师范学堂改成了北京高等师范学校，其余 5 所只有动议，尚未付诸实施。他的继任者，倒不因人废政，继续加以推行，在 1913年，武昌高等师范学校成立，次年，南京高等师范学校设立。

1916 年，洪宪帝制的闹剧结束，袁世凯病亡，范源廉再次出任教育总长，对此杨昌济赞到"天佑中国，政局更新日，公主持教育，尤庆得人"。范源廉亦不负众望，对倒行逆施期间的封建教育大加改造，如废除了《预备学校令》、删除了中小学读经的规定等，在"破"的同时，也在"立"。他心中蕴藏已久的振兴教育计划一直没有很好地落实，如今执掌全国教育行政，终于可以渐次推行了，而这一计划的核心部分是高师分区制。

遗憾的是，范源廉的教育计划，随着政治的不良而破产了。这一回黎、段交恶，府院之争相持不下，范源廉失望无比，再次隐退。继任者继续推行高师分区制，1918 年 12 月沈阳高师成立，至此，"六大高师"才初步建成。也就是说高师分区制从酝酿到最终完全实现，经过了七年之久，正如陈宝泉所言"经数年之挫折，卒底于成"，其中的艰辛及困苦不言而喻。然而不幸的是，高师分区制尚未收获成果，更未能发扬光大，却迎来了集中怀疑的时代。特别是"五四"以后，潮流为之一变，"寓师资于高师"显得落伍了，"寓师资于大学"似乎更先进，也更符合社会名流的胃口，故而颇多倡导毁灭高师。[30]

其二，注重通过基金会的方式筹措、准备、使用善款。这和耗尽资财捐赠不同，是一种长期的慈善。在基金会方面，1922 年至 1927 年，范源廉执掌北京师范大学校政、中华教育文化基金会等，是北京教育界的领衔人物之一。基金会是利用自然人、法人或者其他组织捐赠的财产从事公益活动的一种非营利组织，它以公益性、非营利性为特点，以财产活动为中心。慈善组织独立于政府组织之外，是向公众提供扶贫济困、救灾助孤、发展教育等有利于公众福利的非营利性、非政府性的团体和组织。基金会是慈善组织的一种。范源廉对基金会的管理使他与其他慈善家有明显的区别。

从 1926 年起，中华教育文化基金会根据高等学校的不同性质、实际现状、基础条件等分别进行补助，以实现相关学校办学条件的改善和办学质量的提高。就北京国立大学的改变而言，基金会不仅扩充了其物理系，完善了科学设施，而且极大地扩大了其图书馆规模。据张睦楚对北京国立大学图书馆的考察，在建筑规模方面，该图书馆拥有大量的研究室和大容量的阅览室；在馆藏方面，数量呈现增长趋势，以 1935 年为例，中文书籍达 17 万余册，外文书籍达 7900 余册，以及超 400 种中外文杂志。[31] 就南开大学的变化而言，基金会每年给予南开大学的设备费在 3 万元到 5 万元之间，逐渐完善了南开大学的基础设施，包括图书、教学仪器、实验药品和教学设备等。作为一所私立学校，南开大学在当时能够得到这些资助，十分不易。此外，基金会也资助了其他办学时间较长、某一学科领域研究成果深厚且理工科教学设施不完善的大学，其中包括北洋工学院、复旦大学等学校。中华教育文化基金会对他们的帮助，让学校开展科学研究和教学有了坚实的后盾。

中华教育文化基金会的补助款，主要有两个用途，一个是用于增设教学仪器，一个是用于特种事业。对综合类大学主要是添置设备，对理工农医类院校则是支持其开展专业特色研究。正如基金会在总结基金使用效率和作用时所评价的："然就大概言，款之用于特种事业者，其效易睹，用于学校者，其效难见。因学校补助费，大都用于设备维持中也。"[32]

医农工类专科院校在受到资助后，立足国情，依据自身学科和地域优势分别开展研究。以东南大学为例，该校农科专攻粮食及棉花的改良研究，在连续 3 年资助时间内，分别取得棉花、水稻育种、栽培等方面的科研成果，推进了农作物杂交方面的研究。又如厦门大学地处海滨，中华教育文化基金会因此资助该校添置渔类教学设备和购置生物材料，包括但不限于文昌鱼、电鱼等，使得该校的海产研究异军突起。还如在基金会的资助下，南开大学取得了一年完成 18 项研究并相继在有关学术刊物发表的成就，这些研究涉及物理、生物和化学等领域。正是因为中华教育文化基金会的援助，这些高校的科研成果明显上了一个台阶。

4. 创设基金，引领公益

慈善事业的发展和延续从来离不开大规模且可持续的巨额经费的支持，范源廉虽然身居北洋政府高位，但其人作风清廉，也并没有实业支持，为了让慈善成为可持久的公益事业，范源廉借鉴当时欧美等发达国家的方式，设立基金会，通过劝捐引导众人做慈善公益。如中华教育文化基金会开展公益活动，便是其中影响最为深远的事例。

基本完成学校的基础设施建设后，我国兴起了教育基金这一捐助形式，它通常设立于学校或其他特定区域，根本目的是为了促进教育资金筹集渠道的多样化，以作为整个侨乡社会教育经费补充途径之一。教育基金最显著的特点为保证教育经费的连续性，尤其是有效保障了一些贫困地区的教育经费获取。

1900 年 8 月，八国联军侵入北京，清廷惨败。第二年，李鸿章作为清政府的外交代表与英、美、德、俄、日等十一个国家的外交代表签订了《辛丑条约》这一不平等条约。条约规定了庚子赔款的具体内容，即清政府自 1902 年开始分 39 年时间，赔偿英、美、德等十四个国家 4.5 亿两白银，包括军费和其他损失费，此外加上每年利息后共计达到 9.8 亿两白银。其中，美国按比例分得 0.3 亿两白银。1908 年 12 月，在坚持不懈的争取下，美国总统最终批准除扣去应赔偿之款外，庚子赔款均行退还。在此之后，由清政府建设成立游美学务处，并且公开选拔赴美留学的人员，创办清华学校。[33]1923 年 3 月 30 日

《清华周刊》第 275 期报道了范源廉 2 月 17 日关于清华创办的演讲。这篇演讲是范源廉的自述，可信度较高。他介绍清华园中有留美预备处，主持此事者为外交部与学务部，"外交部所派代表为周自齐、唐国安，而学务部所派代表即范先生" [34]。

第一次世界大战期间，北洋政府和德、奥两个国家的关系走向破裂，中国加入了由英、美、法等八国组成的协约国一方，同时向德国、奥地利宣战。因参与一战，北洋政府和协约国达成了庚子赔款延迟交五年的约定。同时，中国和美国两个国家的上层和有识之人提出美国政府将前次退还的庚款余存部分于此次一并退还。1921 年 3 月，美国名叫劳治（洛奇）的参议员提出了一项议案，即退还中国庚子赔款的余额，并且在同年的 8 月 11 日该议案在参议院得到通过，此为历史上第二次退还庚款。由于"众议院恐外国援例拒付欧战时的借款，同时又遇美侨在华被中国士兵伤害"，该议案随即被搁置。1923 年，美国议员戴伊尔访华，经时任外交总长顾维钧等人积极斡旋，以及美国参议员劳治（洛奇）的不断努力，最终，美国众议院于 1924 年 5 月 7 日通过了退还庚款余额案，要求"此款当用于发展中国之教育及文化事业" [35]。在此基础上，1924 年 9 月 13 日，根据大总统令，成立接管此次庚款退款的中华教育文化基金董事会。

1924 年 9 月 18 日，顾维钧主持召开首次董事会，宣告基金会成立。首期基金会，由中方的颜惠庆、张伯苓和美方的孟禄、杜威等14 位董事组成，具体负责中华教育文化基金会的运营。在 10 名中国董事中，除了时任外交总长顾维钧，前外交总长、时任内务总长颜惠庆，驻美国大使施肇基三人为政界人士外，其他均为教育界人士，包括南开大学、东南大学、北京大学、清华大学以及北京师范大学五所大学的校长，分别是张伯苓、郭秉文、蒋梦麟（代理校长）、周怡春（前校长）以及范源廉[36]，此外还有江苏省教育会会长黄炎培和中国地质调查研究所所长。1925年6月2日至4日，中华教育文化基金会在天津召开第一次年会，具体内容包括议决分配款项和当年的帮工预算，并推选出正式的员工。在选举中，经过推选，颜惠庆当选董事长，张伯苓等当选副董事长，此外还设置了会计（贝诺德当选）、秘书（丁文江）等职务，其中顾维钧等三人为执行委员，范源廉当选干事长。

范源廉担任中华教育文化基金会干事长期间，合理利用善款支持中国的教育、科研、文化等事业发展，并主动邀请美方教授来华讲学，促进中西文化交流。同时，也发挥他曾经担任教育总长的社会影响力，推动基金会的自身建设。可以说，中华教育文化基金会是范源廉从事慈善公益事业的重要平台。为了运营好中华教育文化基金会，他还专门致书在欧美考察的鸿岚，请求其介绍海外公益事业运行的经验，特别是业务经营范围、筹款和处理情况、相关的规定等。[37]在鸿岚的建议下，他结合自己在《对于退款兴学之意见》演讲中提道："此款用之于在各地建立大规模的博物馆、图书馆、美术馆，第二将此款用之于从事研究事业，多聘英国人为导师。此外，还有一事亦可以作，即派中国人至外国讲授中国学术。"[38]

为了更好地维护基金会，范源廉上任干事长就明确了基金的使用方向。1925年8月21日，范源廉在中华教育改进社第四届年会第一次学术会议上，提出了中华教育文化基金董事会分配款项原则。[39]

从这则讲话来看，基金会采取母基金和年度基金模式，母基金用于支撑基金的长远存在，其储蓄利息则用于日常费用和年度捐赠。同时，本金扣除母基金之外的部分也用于慈善公益事业，并强调公平、透明、集体决定等原则。这在百年后的今天来看，已有近代基金会运作之雏形，值得肯定。正如范源廉自己所说："自应开诚布公，容纳众见，经专家讨论，然后以超然态度决定之云。"

独乐道，不如众人乐道，范源廉尤其注重利用自身的影响力联合开展公益活动，以使慈善公益成为社会一大良好潮流。早在范源廉还未担任中华教育文化基金会干事长之前，便对国外知名教授来华讲学非常热心。他在参加北大、男女两高师、尚志学会、新学会等五团体公饯杜威宴席所发表的演讲上就称赞杜威的敬业精神和对文明的推崇。[40] 其后，他出席孟禄与中国教育界同人饯别会并致辞，又称赞孟禄博士对中国教育的重要贡献，"他的言行能够引起我们研究教育的精神，使中国教育能够振兴，这是我们更应该感谢的"[41]。巧合的是，杜威、孟禄均在后来被邀请进入中华教育文化基金董事会，这既是政府对于他们能力和见识的承认，也是美国政府对于他们在华工作成就的肯定。

中华文化教育基金会成立后，尤其是范源廉担任干事长之后，基金会将邀请海外教授来华讲学作为重要方向。1927 年 9 月，基金会聘请了美国康奈尔大学生物学系主任、生物学家尼丹博士来中国讲学，以促进中国的生物学教学和科研事业的发展。尼丹博士毕业于约翰霍普金斯大学、康奈尔大学，获康奈尔大学哲学博士学位，在该校任职 30 多年。当时，尼丹博士已年逾花甲，受邀到中国后，先后在北京、上海、南京、天津等地的高校或中学演讲，使得国内的生物学教师或感兴趣的学生对国际生物学有了全面性、前沿性、科学性的认识。

在利用影响力署名募款上，范源廉在给中国华洋义赈救灾总会去函中，就表示对他们关注民众疾苦的义行深为敬佩和赞同，愿意参与联署募款，"顷接华函，并募赈启稿均诵悉。今夏长江流域水灾惨剧，深堪注念，诸君痌瘝在抱，联合劝募急赈，极表赞同，嘱列衔名，自当遵照"[42]。除此之外，范源廉参加的多项慈善活动都是以联合的形式进行的，如参与创建南开大学、清华大学，捐献各图书馆等。

5. 贤贤与共，共济家国

范源廉以梁启超为师，所学习的不仅是其开明的政治理念，梁任公急公好义的精神，对范静生为人处世的影响则更加深远。在梁启超的学生刘盼遂撰写的《梁任公先生传》中，梁氏在湖南时务学堂时，"以民权论教诸生，多所成就，蔡锷、范源廉其著也"[43]，即认为范

梁启超

源廉是其在此阶段最优秀的学生之一。

梁启超对范源廉一生的影响是巨大的。一方面，在范源廉的青年时代，梁启超对他进行了思想启蒙，让他走出了与同乡青年的不同道路；另一方面，在范源廉的职业生涯中，梁启超亦对他提供了很多帮助。范源廉晚年寓居天津，也受到了梁启超的影响。而在范源廉的慈善思想形成上，梁启超的"不以私利谋善事"的观念对范源廉产生了重要影响。

梁启超在世时的慈善实践并不多见，慈善捐赠几乎都是参与性质，而非发起者。比较著名的慈善实践是顺直救灾，但其身后的捐赠很多。他离世前夕，特意嘱咐儿女，一定要将其收藏的书籍与作品捐给国家，以提供给公众阅览。

1917 年夏秋交接之际，受天气影响，河北省阴雨连绵，地质灾害频发，波及一百多个县城，受灾民众高达 600 万。北洋政府却在权势争夺中无暇顾及灾情，拨付的赈灾资金杯水车薪。在此情况下，熊希龄联合梁启超、范源廉、汪大燮等，举办助赈会募集灾款，借助征集物资、发售彩票获得资金。

尽管梁启超在世的慈善实践并不多见，但其慈善观念却有记载。在 1922 年《评非宗教同盟》一文中，梁启超对宗教和慈善的关系展开了阐述，认为如果他们想要做善事，那么他尊重宗教；如果这些人打着宗教的旗号做坏事，那么则侮辱了宗教二字。[44] 梁启超坚持不应以私利而从事慈善事业的态度，鲜明至极。

在慈善之外，范源廉受梁启超思想的影响，可谓是全方面的。

1898 年，范源廉辞去担任的教职，前往长沙时务学堂接受新式教育。据费正清、刘广清编著的《剑桥中国晚清史》第五章《思想的变化和维新运动》考证，时务学堂的创办，受益于当时的湖广总督张之洞、湖南巡抚陈宝箴和学政江标。在当时希望进行改革的这些官员推动下，这所学校试图摆脱传统书院的影响，在课程设置上除了传统的儒家经书外，还安排了自然科学、历史学、法律学等西学科目。而此前的一年，也就是 1897 年，梁启超经同乡、时任湖南盐法道黄遵宪的推荐，来到时务学堂担任总教习。这是范源廉与梁启超的第一次相识。

在时务学堂就学时，范源廉很快便接受了康、梁的维新思想。而梁启超对这位出身贫寒的学生，亦十分看重和爱护，并让他兼理学堂的一些事务，以半工半读的方式，来赡养母亲和培育弟弟。维新运动百日终结，长沙时务学堂关停，范源廉牵涉其中，同唐才常逃往上海，后进入南洋公学继续学习。1899 年 8 月，梁启超在东京主办高等大同学校，国内许多拥护维新运动的青年得知康、梁的消息后，纷纷东渡，追随康、梁的步伐。范源廉就是其中之一。当年，范源廉同蔡锷响应邀请，赶赴日本，进入大同学校，随后升入东京高等师范学校。在日本留学期间，他继续接受梁启超的教诲，并深得梁启超的赏识。

在梁启超后来的回忆中，时务学堂曾办了三班，范源廉是吃他"迷药"最多的学生之一。他在《湖南教育界之回顾与前瞻》中回忆起自己流亡海外期间，几个学子跟随他图谋革命的故事，这些学子最后只剩下蔡艮寅和范静生。[45] 这篇演讲中提到的蔡艮寅和范静生，分别是蔡锷和范源廉。

此后的生涯中，梁启超和范源廉之间的感情十分深厚。戊戌变法失败后，范源廉认为，固守变法阵地显然是不现实的。受限于行动范围和自己当时的学识，恐难担当大任。在范源廉心中，梁启超是匡济天下的热心人，当下必定寝食难安。当时的局势变化莫测，瞬息万变，不是远居海外能够遥控的。范源廉认为自己平居"俗冗纷如，性复疏慵，致常缺裁候"，于是给梁启超寄了一纸汇票，合计银元贰千枚（合日币一千九百十九元四十六钱），以供其度日。这笔钱是在南中所筹，由汪兆铭交付，代表了筹借之人对梁启超的关切仰慕之心。

1916年，梁启超写下《国民浅训》一书。对于此书，梁启超本人十分看重，该书在3月25日截稿，梁就写信给当时住在上海的陈叔通、范源廉，将书籍原稿件寄去，并特别要求商务印书馆立刻付印，其中最醒目的是梁启超对于复印数十万册的建议。[46]足见梁启超自觉《国民浅训》一书意义重大，对其必定畅销也坚信不疑。[47]书稿寄出后，梁启超非常担心书稿中途遗失，便于4月6日写信追问远在上海的陈叔通等人是否收到书稿，"因别无副本，若失去则枉费心力矣"；在与女儿书中，梁氏甚至径称此书"真我生绝好纪念也"[48]。

1918年11月，第一次世界大战结束，巴黎和会即将召开之际，梁启超心系国运，以在野之身，多方奔走，为中国参加和会出谋划策。同时，梁启超亦筹措了10万元经费，准备年底前往欧洲，凭借个人身份将中国历年来所受冤苦诉之于世界舆论，希冀获得公平待遇，以尽国民之责。临走之前，他曾建议国内报界展开行动，紧密配合和会上的外交努力，引导社会舆论。然而，当时代表广州政府参加巴黎和会的专使王正廷发回国内的一封电报，污蔑梁启超为卖国贼。[49]随之，国内就掀起了一场针对梁启超的谣言风潮。见此情景，范源廉不遗余力地为梁启超辟谣。

1927年，梁启超因身体原因，请辞图书馆馆长一职，但未得到批准，最后以"请假"的方式离开了图书馆。范源廉因此代理图书馆馆长，但任职不久因病去世。梁启超对此深为内疚，在一封家书中写道："半年来，我把图书馆事脱卸交给他，也是我对不住他的地方。他死了，图书馆问题又回到我身上，但我无论如何，只好摔下。别的且不说，那馆在北海琼华岛上，每日到馆要上九十三级石梯，就这一点我已断断乎受不住。"[50]不难看出，梁启超对范源廉的期许和感情之深，对他的猝然离世深感悲痛，甚至于在上下楼梯之时也要想起静生曾经的辛劳。

启之者在师，成之者在己。如果说梁启超和时务学堂是范源廉摆脱旧思想的启蒙者，那么贤贤与共、共济家国精神的践行，则在他与熊希龄、严修等人的交往，以及他们共同参与的各类教育、慈善、文化和社会活动中，表现得尤为明显。范源廉组织和参与过如下慈善行动：

其一，任共学社董事并捐款。

1920年3月4日，梁启超回国并抵达上海，将他在欧洲的感悟，诸如办报刊、大学，鼓励留学，组织学术团体，开办公司等告知张元济，希望借助其商务印书馆负责人的身份组织志同道合者，以文化运动为中心，翻译新书，从而从思想上改变国家青年。这一想法得到了多方支持。

为实现这个宏大的目标，须联络更多人士和社团，梁启超遂决定发起成立共学社。所谓"共学"，即共同学习新文化之意，希望通过系统介绍西方学说、奖励名著、出版杂志、选送留学生等方式，达到"培养新人才，宣传新文化，开始新政治"的目标。共学社的核心人物虽然是梁启超、张东荪等人，但蔡元培、蒋梦麟、赵元任、丁文江等 20 余位政治社会名流都列名董事会中，范源廉也不例外。此外，还有一些家境殷实、经费充裕的大实业家如穆藕初、聂云台、张謇等，也纷纷出现在捐款名单上。为保障经费来源，凡入社者均有所赞助。

共学社在 4 月成立，当年 9 月，便陆续出版《共学社丛书》。这套丛书收录了国内外各类重要著作 87 种，其中仅有 8 种为国内著作，其余均为译作。去除重复收录的书籍，实出版 83 种。与此同时，共学社又成立了讲学社，以促进中国学界与外国学界接轨，加强中外交流，计划由董事会基金每年以 2000 元为经费邀请国外著名学者前来演讲。前面提到的杜威便是在这期间来华讲学的。《共学社丛书》的出版和讲学社学术活动的展开，对中外文化交流和新文化运动的发展，都起到了巨大的推动作用。

其二，共任国民外交协会董事。

1918 年 11 月，第一次世界大战结束。胜利的协约国集团定于 1919 年 1 月在巴黎凡尔赛宫召开战后协约会议，以缔结和约，讨论对战败国家的处置问题；而中国作为战胜国，亦将参与这一会议。同年 2 月 16 日，国民外交协会在北京成立，由战后外交研究会、商会、尚志学会等 6 个团体联合发起。熊希龄、范源廉和张謇、林长民、王宠惠、严修、庄蕴宽等名士贤达一起被推举为理事。1919 年范源廉等人发起《国民外交协会之要电》，要求废除不平等条约。[51]

1919 年 4 月，由熊希龄和范源廉深度参与的国民外交协会写信给梁启超，请他作为会议代表，递交巴黎和会请愿书。国民外交协会还定 5 月 7 日为国耻纪念日，并准备于是日在北京中央公园开国民大会，要求政府训令专使坚持原议。

其三，共任中华教育改进社董事。

1921年12月23日，中华教育改进社成立，由新教育共进社、新教育杂志社、实际教育调查社三者合并而来，旨在调查教育实况，研究教育学术，力求教育改进。这是当时中国最大的教育社团。教育事业是范源廉的老本行，因而他顺理成章地被推举为董事，与蔡元培、熊希龄、张伯苓等八人并列。该会还推举孟禄、梁启超等五人为名誉董事，借助社会名流的声望提高影响力。

1922年2月，范源廉在第一次召开的董事会上被一致推举为第一任董事长，陶行知被其聘为总干事。中华教育改进社的主要成员包括胡适、张彭春、陈鹤琴等知名教育专家，凭借强大的内外部支持，助推新式教育的研究与实行，加快中国教育科学化、现代化进程。

在这些活动中，范源廉虽非一直占据首倡和主导者的地位，甚至于更多的身份是参与者、支持者，但他执掌教育，职位特殊，且素来注重学术提升对大学教育的推动，因此范源廉的功劳实际上是不可磨灭的。

范源廉与严修的交往，前文多有涉及，但后人最应称道的是二人殚精竭虑，共同创办南开大学。

在南开创办期间，严修为学校请来蔡元培、梁启超、黎元洪、范源廉等名流学者来校讲演，增进学生知识，提高学校的知名度。这一做法后来也为张伯苓所沿用。1918年4月，已经60岁的严修，携范源廉、孙子文赴美考察教育，主要考察、研究美国私立大学的组织情况和经费来源。

严修对范源廉的影响，其实远远不止教育和慈善领域。严修是范源廉进入教育部的举荐人，有着提拔的恩情，而严修家族经营盐

1918年底，严修、张伯苓赴美考察后归国，途经日本，与周恩来（前排左三）等留日南开校友合影，二排右起第六位为范源廉

商也为范源廉之弟范旭东从事化学商业活动提供了合作；两家关系匪浅。严修的许多教育思想也与范源廉有着互相启迪的作用，如严修特别推崇育才新民并重，便与范源廉启发大众、教育与社会相融合的思想密切相关。近代早期，教育探索的关注点也常在少数新式人才的培养上，很少留意普通民众。而在严修和范源廉的教育思考与实践中，都十分关注培育经世致用之才与开展普及教育、造就适应新时代的国民。

在普及推广国民教育中，范源廉十分推崇爱国教育、尚公的精神理念，这其实也就是严修对范源廉公益慈善的重大影响。另外，严修十分推崇学校社会并重，这也是范源廉反复强调的教育必须为社会服务，教育除了学校教育之外，也需要家庭教育与社会教育并进。在社会教育方面，严修曾表示："欲强国家，先善社会。"范源廉也是这一观点的坚定行动者，从支持研究使用注音字母、推动法学教育、边疆教育，到参与图书馆事业，推进公共社团活动等，所期许的目的，是广开民智、改良社会、移风易俗。范严二人，既是亦师亦友的君子之交，更是互相砥砺共进的难得知己。

范源廉的人生道路得师友提携众多，他成才后也不忘随时奖掖其他人才。在中国现代学术史上占据重要地位的著名国学大师杨树达先生，也曾受范源廉帮助。

杨树达，字遇夫，号积微，晚年号耐林翁，1885 年生于湖南长沙。杨树达虽与范源廉同为时务学堂的学生，但他的年龄比范源廉小了整整九岁，后来走上了一条学术报国的道路。他在传统学术方面的成就，被陈寅恪高度评价："当今文字训诂之学，公为第一人，此为学术界之公论。""当世学者称先生为今日赤县神州训诂学第一人"，"先生平日熟读三代两汉之书，融会贯通，打成一片。故其解释古代佶屈聱牙、晦涩艰深之词句，无不文从字顺，犁然有当于人心。""独先生讲学于南北诸学校，寂寞勤苦，逾三十年，不少间辍。持短笔，照孤灯，先后著书高数尺，传诵于海内外学术之林，始终未尝一藉时会毫末之助，自致于立言不朽之域。"

然而，学术大师并非一日长成。时务学堂被关停后，杨树达也在1905 年赴日留学，辛亥革命后，清廷的留学资助官费停发，遂退学回国。先在湖南省教育司等机构任职，后在湖南高等师范学校和湖南省立第一女子师范学校任教。1919 年，五四运动的热潮席卷全国。杨树达参加了湖南省教育界发起的健学会，并被推举为湖南民众"驱张运动"[52] 的代表，赴京请愿。然而，请愿诉求并没有被北洋政府受理，杨树达困居北京，直到张敬尧被迫退出湖南后才得以返回长沙。1920年，范源廉第三次出任教育总长，虽然任职时间不长，却在任期内提携杨树达入职教育部国语统一筹备会，并在北京师范学校、北京法政专门学校等范氏精心耕耘的教育园地任职。虽然杨树达先生在学术上的造诣，由梁启超成就的更多，但他获得从偏僻的湖南到京城学术文化圈发展的机会，实则与范源廉有莫大的关联。

[1] 费孝通：《中国士绅》，赵旭东、秦志杰译，北京：外语教学与研究出版社，2011 年。相关论述为"近代中国虽然遭遇了'三千年未遇之大变'，但只要有一个核心价值存在，有士绅即知识分子们的捍卫，社会生活仍然不会彻底崩塌，并能够通过自我创造性地转换，重建起新的文明秩序……"。

[2] 所谓文化自觉，借用中国著名社会学家费孝通先生的观点：它指生活在一定文化历史圈子的人对其文化有自知之明，并对其发展历程和未来有充分的认识。换言之，是文化的自我觉醒、自我反省、自我创建。费先生曾说："文化自觉是一个艰巨的过程，只有在认识自己的文化，理解并接触到多种文化的基础上，才有条件在这个正在形成的多元文化的世界里确立自己的位置，然后经过自主的适应，和其他文化一起，取长补短，共同建立一个有共同认可的基本秩序和一套多种文化都能和平共处、各抒所长、连手发展的共处原则。"参见费孝通：《我为什么主张"文化自觉"》，《冶金政工研究》，2003 年。

[3] 张謇说："国家之强，本于自治；自治之本，在实业、教育；而弥缝其不及者，惟赖慈善。在儒家则为仁爱精神，在罗尔斯《正义论》则为博爱精神。"参见张謇：《拟领荒荡地为自治基本产请分缴价呈》，载张季子：《九录·自治录》第 2 卷，北京：中华书局，1931 年，第 9 页。

[4]《本小欢宴日本服部博士纪事·范校长发表关于日本对华文化事业意见》，《教育丛刊》1924 年第 2 卷第 5 期，附录第 3 页。

[5] 努生：《述清华之创办》，《清华周刊》1923 年第 275 期。该篇内容为根据范源廉演讲整理的通讯报道。

[6]同上。

[7]同上。

[8]同上。

[9]范静生（讲）、张锐（笔述）:《师友间的情谊》,《清华周刊》1925年第11卷第24期。相关内容如"我办清华时……彼时之清华,有如一桥;而今日之清华,则为一大厦,吾人在此安身立命,其目的在养成领袖人才"。

[10]范静生（讲）、张锐（笔述）:《师友间的情谊》,《清华周刊》1925年第11卷第24期。相关内容如"吾人应为国家,为社会打算,目光须远大;不应于学得即沾沾自喜,认为已尽清华学生之能事……教员教书,不仅为糊口计,其目的在为社会尽一番力。学生亦须体谅其苦心,努力向学,以期不负国家、社会、师长之期望"。

[11]范源廉:《复清华大学曹云祥函》,载《范源廉集》卷三未刊遗稿,第454页。原文为:十一月六日贵校大会日期,谨当遵约到校,藉聆教益。是日下午二时当在石驸马大街敝寓候车前往。

[12]范源廉:《复清华学校郝更生函》,载《范源廉集》卷三未刊遗稿,第429页。

[13]范源廉:《致曹云祥函》,载《范源廉集》卷三未刊遗稿,第400页。原文如下:启者友人陈君家璘,其女名咏岚,于民国十二年自费留美,专习体育,近有书来谓家境窘迫,深恐半途辍学,业闻贵校有津贴自费生之举,渠已遵章填具愿书,请求监督转报,俟文到时,敬乞鼎力玉成,俾得遂其远道求学之志愿。该女生品行学绩均属可取,倘蒙培植,能益加奋勉,不负盛意也。

[14]范源廉:《致华侨教育通电》,《教育公报》1921年第8卷第3期。相关电文如"贵会速即联合华侨界同胞,商定募款方法,届期举行"。

[15]范源廉:《全国急募赈款大会学界委员会成立纪要》,《教育公报》1921年第8卷第3期。电文具体内容如下:查此次华北五省旱灾区域至广,政府以及中外人士业经协力办理冬赈,现值续办春赈,为时较久,序款愈多,北京国际统一救灾总会特发起全国急募赈款大会,决定本年二月二十至二十八日为总募款之期,此项募款意在使全国人通力合作,我教育界中人尤应出为提倡。务请贵会速即联合华侨界同胞,商定募款方法,届期举行。我侨胞素来热心,祖国凡遇偏灾,莫不慨助巨款,矧此次旱灾,大非昔比,己饥己溺当更有同情。至各学校学生倘节省零费,集腋成裘,使之对于祖国灾民唤起休戚相关之同情,尤合教育旨趣,切望从速办理,并希电复。

[16] 范源廉、熊希龄等：《为湖南省请赈致〈时报〉馆电》，《时报》1918 年 4 月 8 日。

[17]《请禁湘米出省致徐世昌等电》，《申报》1919 年 10 月 23 日。电文具体内容如下：北京大总统、国务院、财经部钧鉴：长沙张督军、第十一师李师长、衡州吴将军、常德冯镇守使钧鉴：顷见报载，湘省长官近以军米为名，电请弛放米禁，且由官办运米由境贸易，并行文各县勒派购米，每县自七万石以至五万、三万石不等，合计总额一百万石，给以军用票作为代价等语。湘人闻之，同深骇异。纷纷函电求达政府及本省长官，力请停禁。查湘省迭遭兵燹，复逢水旱，困苦已极不堪。今岁近省各县虽有收成，而其他各处尚属偏灾，且土匪纵横，田亩荒芜，不耕者所在皆有，绝非丰稔之年。目前谷价售贱，系属金融紊乱，时局不定，商业阻滞所致，不得谓为有余，而以谷贱伤农之说惑人听闻。湘省现驻南北军队二十余万，食口骤增，供不应求，湖南筹赈会尚拟于外省购米平粜，以济其不足，设如报载出境百万，售米既多，价必暴涨，存米既少，民必乏食。即驻湘北军亦必同受昂价及缺粮之苦，军民皆饥，大局何堪设想？今更引而伸之，谷价即贱，至每石一元四角，以全省奄奄待毙之灾黎，得此极残之谷价，亦可稍活生命。若如报载所云，出之勒派之官价，等之废纸之军钞，在农民未获丝毫利益，而地方盖藏一空，水益深而火益热，岂非使数千万湘民同死于虐政之下？哀我黎民，靡有孑遗，当亦中央政府与地方长官之所不忍出此也。应请俯念灾区，稍施恻隐，迅饬禁米出境，并恳财政部停发护照，以恤民瘼，而免流弊，不胜迫切待命之至。

[18]《为湖南旱灾惨酷请派湘赈督办呈段祺瑞文》，中国历史第二档案馆馆藏档案。

[19] 同上。

[20]《为湖南旱灾惨酷请派湘赈督办呈段祺瑞文》，中国历史第二档案馆馆藏档案。相关内容为："敝处捐册收据即于是时照议送往湖南旅京筹赈会，并用范进修堂名义捐银五百元，亦交该会转寄，想早荷鉴及矣。"

[21]《为湖南旱灾惨酷请派湘赈督办呈段祺瑞文》，中国历史第二档案馆馆藏档案。相关内容为："现逾秋节，而各县所收获者不过二成，至湘西三十余县，甚至颗粒无收，尽成龟坼，流亡死丧者，较之上年尤为惨酷。"

[22]《为湖南旱灾惨酷请派湘赈督办呈段祺瑞文》，中国历史第二档案馆馆藏档案。相关内容为："现任教育总长章士钊，财政部次长张训钦，均为堪胜督办会办之职。"

[23]《请将中行借款拨充赈灾之用致湘省议会电》,《大公报》(长沙) 1926 年 1 月 13 日。电文内容如下:长沙省议会鉴:卅电谅达。久未获复,至为惶惑。湘省两遭水旱奇灾,各方面协谋赈救,百计俱穷。冬春两赈,正苦束手无策,立见灾民千万尽成饿殍,人类将绝,惨何可言。瞻念前途,心胆俱悸。省政府熟视无睹,不等掊注之方,而竟以来年收入滥行抵借巨款,供其政费、军费及接济外方,并无分文用于赈款。稍有人心,何忍坐视不问。贵会代替民意,受父老兄弟之重托,目击同胞饿毙沟壑,视同秦越肥瘠,其将何以对吾民?现闻省政府因本会反对此案,不交贵会议决一节,刻拟提出贵会,务望贵会为民命注意,苟非将此款拨充赈灾,决不可之通过。贵会意见若何?希迅见示。无任盼祷。

[24]范源廉:《主张和平致湖南和平救湘会电》,《大公报》1926 年 6 月 9 日。

[25]同上。

[26]《痛陈和战利害致湘军将领暨各公法团电》,《大公报》1926 年 6 月 9 日。全文如下:"害一。兵祸既兴,土匪蜂起,掳人勒赎,掘冢逼财,惨无人心,莫此为甚。害二。人事不修,灾氛迭起,连年水旱,道殣塞川,卖妻鬻子,视为恒事。去岁大旱,啮泥食草,死者不可缕指,更撄战祸人,人将相食。害三。民穷财尽,公私俱竭。各县钱粮,多已征至十八、九年,少犹十六、七年寅支卯粮,即为不国。预竭数岁,何以图存?其他苛税杂捐,敲骨吸髓,民无生意,人陷火坑。再搆战争,将无噍类。害四。湘省自治,原以弭兵。今既内争,即酿外侮,走险固然,急何能择?负隅亦两败俱伤,利归渔人,祸延赤子。民七、八年惨劫,即将复见于今。百世之诟,夫岂能涤。害五……"既然战争对湖南破坏如此之大,那么和平是湖南当前最急切的任务,并且和平对湖南有五大好处,"和则各具退口之诚,共钦宽仁之德。一利也。……和则兵不毙,民不劳,财不匮,灾不极,而坐收令望。二利也……和则种德收福,食报百世。三利也。立宪自治,湘人首倡,各省观瞻,环球属望。自乱则人将代治,自靖则人亦率服。且联省自治亦将由是导源。四利也。……和则永息内争,蓄养精锐,一旦海疆有事,吾湘大出义师,效命疆场,使湘军先正威名,重震寰宇,功在国家,誉垂奕叶。五利也。"

[27]湖南省地方志编纂委员会编:《湖南省志》(第 1 卷),长沙:湖南人民出版社,1999 年,第 300 页。

[28]范源廉:《对劝募捐演说词》,《教育公报》1921 年第 4 卷第 8 期。

[29]同上。

[30]张礼永:《当代师范教育》,2018 年 6 月,第 11 卷第 2 期。

[31] 张睦楚：《庚款兴学背景下中华教育文化基金董事会权力博弈之考察》，《中国教育学会教育史分会年会》，2013 年。

[32] 杨翠华：《中基会对科学的赞助》，"中央研究院"近代史研究所，1991 年，第 34 页。

[33] 乔占泽：《中华教育文化基金董事会与中国近代高等教育》，苏州大学硕士学位论文，2015 年。

[34] 努生：《述清华之创办》，《清华周刊》1923 年第 275 期。该篇内容为根据范源廉演讲整理的通讯报道。

[35] 《中华教育文化基金董事会第一次报告》，《〈第一节〉中华教育文化基金董事会之起源》，参见乔占泽：《中华教育文化基金董事会与中国近代高等教育》，苏州大学硕士学位论文，2015 年。

[36] 陈强：《美国庚款退还对中国近代教育发展的影响研究》，博士学位论文，吉林大学，2019 年。

[37] 所谓"基金董事会之组织在我国尚系创举，国人以台从正游欧美，彼邦公益事业发达，类此机关所在多有，拟请近便为考询。凡业务之经营，款项之处理等，如得取彼成规，藉资考证，于本会进行自必有益。"参见范源廉：《致鸿岚函》，载《范源廉集》卷三未刊遗稿，第 363 页。

[38] 范源廉：《对于退款兴学之意见》，《中华教育界》，1923 年第 12 期。

[39] 范源廉：《中华教育文化基金董事会分配款项原则》，《新教育》，1925 年 8 月 21 日。具体内容如下：（一）本会分配款项，概言之，与其用以补助专凭未来计划请款之新设机关，毋宁用以补助办理已有成绩及实效已著之现有机关。（二）有因本会补助，可以格外努力前进，或可以多得他方之援助者，是种事业，本会更应重视之。（三）本会考虑应行提倡之事业时，对于官立私立各机关，不为歧视。（四）本会分配款项，对于地域观念应行顾及，其道在注重影响普遍之机关，如收录学生遍于全国，或学术贡献有益全民者，皆在注重之列。（五）本会分配款项，应规定期限，到期继续与否，由本会斟酌再定。（六）本会分配款项，须先经干事长详慎审查，遇必要时，得征集专家意见，或请其襄助审查。

[40] "博士讲演，却不因多事而稍有懈怠。故人或罢工，而博士则绝不罢工。此博士对于学术上之尽力，我们应当多感谢者也。"参见：《晨报》1921 年 7 月 1 日。

[41] 《新教育》1922 年第 4 卷第 4 期，1922 年 12 月 23 日。

[42] 范源廉：《复中国华洋义赈救灾总会》，载《范源廉集》卷三未刊遗稿，第 417 页。

[43] 刘盼遂:《梁任公先生传》,《图书馆学季刊》第 3 卷, 第 1—2 期,
1929 年。

[44] 相关内容为: 我希望他们因运动唤起一种反省。他们(基督教徒)在中国
办教育事业, 我是很感激的; 但要尊重各个人的信仰神圣, 切不问拿信
不信基督教来做善恶的标准。他们若打算替人类社会教育一部分人, 我认
他们为神圣的宗教运动; 若打算替自己所属的教会造就些徒子徒孙, 我说
他先自污蔑了宗教两个字。以私利做善事, 大恶隐于其中。今日许多教
会组织发展教徒就像拉客, 实在不堪。胡适也曾指出, 教会借办教育的
机会, 从小灌输中国孩子天主教、基督教的东西, 在孩子蒙昧无知之时
大抢地盘, 这是乘人之危, 是绝对违背宗教精神的。梁启超:《梁启超全
集》第七册, 北京: 北京出版社, 1999 年, 第 3969 页。

[45] 相关内容为: 第一班四十人吃我的迷药最多, 感化最深, 其中有十余人,
要到日本来找我, 因为家庭不许, 他们差不多带宗教性质的, 与家奋斗,
借钱逃出来, 有的到上海, 便无钱吃饭的, 有的衣服破烂好像叫花子的,
当他们出门时, 他们不知我在日本何处, 一直跑到上海, 打听了我的住
址, 通信告我, 我就想尽方法筹钱接到日本。日间尚住在一间房子, 继
续讲时务学堂的功课外, 又学学日本文, 晚间共同睡在一个大帐子内。
过了八个月, 唐拂尘先生在汉口图谋革命, 十余同学回汉帮助, 竟不幸
死难者八人, 一人后来病死, 一人是蔡艮寅, 一即范静生。梁启超:《湖
南教育界之回顾与前瞻(1922 年 9 月 1 日于第一中学大讲堂的讲演记录
稿)》,《大公报》(长沙), 1922 年 9 月 3 日。

[46] 梁启超:《致陈叔通、范静生》(1916 年 3 月 25 日),《梁启超全集》第十
册, 第 6009 页。

[47] 丁文江、赵丰田编:《梁启超年谱长编》, 上海: 上海人民出版社, 1983 年,
第 587—538 页。

[48] 梁启超:《致徐佛苏、范静生等》(1916 年 4 月 6 日),《梁启超全集》第
十册, 第 6009 页。梁启超:《与思顺书》(1916 年 3 月 25 日)、《与娴儿
书》(1916 年 3 月 26 日),《梁启超家书校注本》, 桂林: 漓江出版社,
2017 年, 第 511—512 页。

[49] 相关电文为: 吾辈提议于和会者, 主张废止"二十一款"及其他秘约不遗
余力, 推测日本之伎俩仅有二途: 曰引诱, 曰用武, 然皆与正谊公道相
违, 必不出此。但吾国人中有因私利而让步者, 其事与商人违法贩卖者
无异, 此实卖国之徒也。所望全国舆论对于卖国贼群起而攻之。然后我
辈在此乃能有讨论取消该条件之余地。蔡晓舟、杨景工编:《五四》, 收入

中国社会科学院近代史研究所《近代史资料》编译室主编:《五四爱国运动》(上),北京:知识产权出版社,2013年,第545页。

[50]梁启超:《与思顺书》(1927年12月24日),《梁启超家书校注本》,第825页。

[51]电文为:致各省各团体电 各省省议会、农工商会、教育会及各团体、各报馆钧鉴,此次欧洲和会,重在改造世界,远东关系尤为重要。本会由此间各界各团体联合组织,业于锐日成立,对外发表公正民意,为外交上之援助。其主张:(一)促进国际之联盟实行;(二)撤废势力范围并订定实行方法;(三)废更一切不平等条约及以威迫利诱或秘密缔结之条约合同及其他国际文件;(四)定期撤去领事裁判权;(五)力争关税自由;(六)取消庚子赔款余额;(七)取回租借地域改为公共通商。凡兹数端如何赞成即请电复本会以经允行,联名电达欧洲和平会,一面本此主张制成议案详陈理由拼法,请愿国会并欧洲和会时机紧迫,伫盼指教。中国民外交协会理事张骞、熊希龄、林长民、王宠惠、严修、范源廉、庄蕴宽等叩。《国民外交协会之要电》,《大公报》(天津),1919年4月1日。

[52]指军阀张敬尧。

第四章 范氏兄弟兴实业以利家国

在中国近代史上，兄弟并肩在不同领域探索救国之路的并不多见，从湖南湘阴走出来的范源廉、范旭东兄弟是较为瞩目的一对。范源廉作为兄长，走上了"教育救国"之路，一生始终不渝地为我国教育事业默默耕耘，是中国近代著名教育家；他的胞弟范旭东（1883年10月24日—1945年10月4日）是一位爱国实业家，提倡"科学救国""实业救国"，数十年如一日为中国工业的开拓与发展呕心沥血，被称为"中国民族化学工业之父"。

在范旭东辉煌的一生中，兄长范源廉扮演的角色不仅是亦父亦兄，还是亦师亦友。范旭东东渡日本、考察欧洲、创办实业等几个重要的人生节点，都与范源廉密不可分。

1. 兄弟齐心，自强不息

在范旭东很小的时候，兄弟二人的父亲就去世了，从那时起，范源廉便承担起照顾胞弟的责任。长兄如父，从小在兄长的熏陶下，范旭东也树立了学习新学、报国救民的远大志向。光绪二十三年（1897年），范旭东随哥哥范源廉一同考入湖南时务学堂，在那里，范旭东接触到了许多进步思想，并成为了维新派组织"南学会"的活跃分子。他后来在《海王》杂志[1]上评价这些维新志士"不与世俗同流合污、是真正有为国为民之心的人"[2]，可以说，时务学堂是范旭东爱国主义思想的启蒙之地。

戊戌变法失败之后，清政府大肆搜捕维新人士，范源廉认为湖南不可久留，他先是前往上海躲避了一段时间，又在梁启超的帮助下东渡日本留学。此时范旭东并未一同前去，而是留在长沙跟随范源廉的好友吴镜蓉学习。两兄弟至此分开，直到1900年才相见。时值八国联军进犯北京，慈禧太后仓皇逃跑，清政府自顾不暇，湖北的一些革命人士认为时机已至，在长江沿岸联络会党、拉拢官军，组成自立军七军，密谋发动起义。一时间整个湖北暗流涌动、山雨欲来。当梁启超、康有为在日本为这次起义募集人员和资金时，许多留学生表示要回国支持革命，范源廉得知消息后，也决定回国一探究竟。但他发现起义军领袖唐才常等人"终日花天酒地、恣意无度"[3]，认为起义希望渺茫，在劝谏无果后返回老家。后来自立军起义果然失败，范源廉虽没有直接参与起义，却仍被清政府列为追缉对象，只能带上弟弟范旭东再次流亡日本。

范旭东到达日本后，在哥哥的资助下继续接受教育，他先是在一

范旭东

所由华侨资助的学校学习日语、政治、哲学等一些基础知识，后又转入和歌山中学学习。在此期间，他游历了日本的许多城镇，发现这里无论城市乡村，人们"衣冠齐整，精力旺盛，显露出民族的自尊与自豪；凡原料、交通方便之处，工业颇丰，呈现一派生机"[4]。范旭东被日本社会的蓬勃发展所吸引，感慨明治维新后日本民族奋发向上之精神，又联想到自己的祖国政治腐败、任人宰割的现状，感到痛心不已，希望能寻求到富国强民的方法，为救国大业出一份力。

于是，范旭东一边学习先进的科学文化知识，一边积极参与旅日华侨的爱国救国活动，经常出入梁启超的报馆，并在《清议报》等刊物上发表过一些爱国文章。高中毕业后，范旭东考入了日本冈山第六高等学堂医学专业。此时的范旭东毕竟是一位热血青年，在思想上不够成熟，他偷偷自学炸药制造技术，天真地以为军事技术可以挽救中国。该校校长酒井佐保得知后对他说："俟君学成，中国早亡矣。"这句话的本意是讽刺还是提醒，我们不得而知，但有一点可以确定，范旭东被这句话深深地触动了。他放弃了医学之路，还特意照相立誓："我愿从今以后，寡言力行，摄像做立誓之证。"又亲笔在照片背面题字："时方中原不靖，安危一发，有感而记此，男儿，男儿，男儿，其勿忘之。"[5] 与鲁迅先生不同的是，鲁迅脱下白大褂后拾起的是笔和纸，而范旭东拿起了试管与天平，他于 1908 年考入了京都帝国大学化工系学习应用化学。就读期间，范旭东一直以艰苦朴素要求自己，勤奋学习，他还在中国冶金术探源方面颇有造诣，并于两年后以优异成绩毕业。

毕业后的范旭东本可以选择留校任教，享受高薪和惬意的生活，但随着辛亥革命的爆发，国内形势发生巨变，由于范源廉的关系，他与革命党人一直以来都有着密切接触，使他不能置身于中国的政治之外。强烈的家国情怀驱使他辞去了日本的工作，在哥哥的安排下回到祖国，他的实业救国之路就此拉开帷幕。

彼时，中华民国刚刚建立，百废待兴，政府对于范氏兄弟这样有留洋背景的高端人才自然十分欢迎。范旭东在老师梁启超的推荐下，应时任财政总长周学熙之邀，前往天津造币厂担任总稽核一职。刚接手工作，范旭东热情极高，他迫切地想在这个岗位上干出一番成就来。他开始到全国各地造币厂进行实地调研，可他发现各地造币厂存在严重的偷工减料、监守自盗等问题。范旭东向上级反映了这些问题，要求他们严查贪污、改进工艺，可腐败的北洋政府对此视而不见。官场中的既得利益集团冥顽不化，这让范旭东十分失望，他意识到为这样的政府办事根本无法实现自己的理想。于是，他痛下决心，准备另辟蹊径。他选择的"蹊径"是创办民族工业，这又是一条困难重重的道路。

兴办实业需要成熟的技术，而当时中国的科学技术，尤其是工业技术，几乎是一片空白。面对这种情况，范旭东决定远赴德国留学，继续学习先进的科学技术。可出国留学需要大量资金，远大的报国理想与困窘的现实条件发生冲突，让范旭东又陷入两难。就在他一筹莫展之际，兄长范源廉给他带来好消息：北洋政府有开展盐业改革的意图[6]，需要专业人士前往欧洲考察有关于食盐专卖的法律和制盐的先进技术。

民国二年（1913 年），在范源廉的帮助和安排下，范旭东成为欧洲考察团的一员，甚至获准在考察结束后继续留在国外学习。范源廉当时怎么也不会想到，正是他帮弟弟的这一把，为我们的民族工业带来了一位了不起的先驱。

范旭东在欧洲留学期间，详细考察了欧洲各国的食盐生产技术。欧洲的食用盐晶莹剔透、洁白如雪，让他十分羡慕。1914 年，范旭东接到财政部有关创办新式盐厂的电文，他立即中止了欧洲的学业，打包了大量技术资料和样本登上回国的轮船。归国途中他还顺道考察了爪哇地区的一种能将海盐压制成方砖的机器，回国后就向北洋政府提出了统一盐税、废除盐引等盐政改革建议，并拟订了详细的办厂计划。他的主张还得到了当时《盐政杂志》主编景学钤[7]的赏赏与支持。可惜事与愿违，这些方案石沉大海，直到他与兄长范源廉见面后，才知道中国政局发生了一些变化。此时的范源廉已经辞去教育总长职务，财政总长也换了人，而袁世凯忙于称帝，至于试办新式盐厂的承诺，早就被那些酒囊饭袋们抛到九霄云外去了。[8]

这是范旭东第二次对北洋政府失望。但是，志学路历历在目，二十年热血难凉，"工业救国"的理想，他又怎能轻言放弃？鸦片战争之后，中国丧失了一百多万平方公里的领土，签订了三百多份不平等条约，赔款在今天折合黄金六万五千吨；西方列强用殖民地人民的血汗作为资本，大力发展科学技术，涌现出伽利尔摩·马可尼、詹姆斯·克拉克·麦克斯韦、伊·德·洛梅、艾蒂安·勒努瓦等一批划时代的科技人物，而中国的统治者，却在改革之路上畏首畏尾，全然不顾老百姓的死活，俨然一副自私自利的官僚做派，让人心寒。当时范旭东认为："大时代不容任何人苟安，我等有负起担子的必要，力所能及，不可放松。要争气就趁这个时候，办工业振兴我们的民族。"[9]范旭东不再寄希望于北洋政府，在范源廉的帮助下，开始自办新式盐厂。

范源廉为弟弟的初次创业可谓是尽心尽力，他后来在一次演讲中提道："办盐厂有三难：一、制盐须有适宜之地，二、运盐须得政府特许，三、销盐须得政府特许。三者之中，有一不得达，皆难望成功。然兄弟与舍弟决意经营，誓以办到为止。为此事往来案牍高尺许，以五年劳力经费始办成。"[10]办厂过程之艰辛可见一斑。

塘沽位于天津市东部海岸，属于大陆性季风气候，并具有海洋性气候的特点：冬、春、秋三季干旱多风，夏季降雨集中，全年平均气温高达 12.3℃。塘沽的气候十分有利于盐业生产，自古以来都是重要的海盐生产基地，无数盐户在这里世代为家。范旭东在塘沽的海边渔村租了一间破旧的土屋，在这里开始了改良食盐生产的实验。

传统的海盐制造工艺，主要有直接煎煮海水成盐（煮盐）、晒沙土淋滤制卤—煮卤成盐（淋卤煎盐）、晒沙土淋滤制卤—晒卤成盐（淋卤晒盐）、晒海水制卤—晒卤成盐（晒卤晒盐）四种方法。在不同历史时期、不同地区，采用的制盐工艺不尽相同，此时的塘沽长芦盐场，盐户们采用的是 16 世纪出现的晒卤晒盐法，该工艺本身相较于其他方法已经较为先进，但在缺乏现代物理学和化学加工手段的情况下，制造出来的食盐品质较差，杂质很多，甚至不如欧美国家给牲畜食用的盐。为了振兴盐业，让中国的老百姓吃上健康的盐，范旭东夙兴夜寐，潜心于研制精盐，他白天在小木桌上做实验，晚上就直接在桌子上休息。经过一次又一次的尝试，范旭东终于将古法粗盐变成了白如雪、细如沙的现代精盐。当他把一包氯化钠含量高达 90% 的精盐样品拿到景学钤面前时，这位和盐打了半辈子交道的盐务专家激动地浑身颤抖。

是啊，几十年来，由于生产技术的落后，中国的盐利尽为外人所占，商店里放眼望去全是进口盐。更令人痛心的是，由于中国有许多落后地区还在采用"刮土熬盐"这种原始生产方式，洋人甚至给中国人起了个"食土民族"的绰号。如今我们有了国产精盐，这是多么的振奋人心啊！

成功制作出现代精盐的范旭东在塘沽发出了创办久大精盐公司的号召，得到了许多社会人士的大力支持。梁启超、蔡锷等人最早一批入股久大公司。在范源廉的引荐下，黎元洪、曹锟等人也纷纷入股。最终，久大公司以范旭东、景学钤、胡浚泰、李积芳、胡森林、方积林、黄大暹为发起人，共筹集资本五万银元，股东计有：蔡锷、黎元洪、丁乃杨、冯玉祥等 106 人，董事长由景学钤出任，范旭东任总经理，并聘请大律师刘崇佑为法律顾问。[11]1914 年 7 月，经北洋政府正式批准后，久大公司厂房于 1915 年 6 月正式动工，并于当年 12 月正式投产。其所产精盐品牌名称取自《管子》中的"海王之国，谨正盐䇲"[12]一句，定为"海王"。

今日塘沽地区万亩盐田

　　"海王"牌精盐采用科学方法熬制，先将粗盐溶化、澄清，再用平锅熬制而成。用平锅熬制精盐的方法，揭开了我国盐业技术史上的新篇章。在范氏兄弟和一众爱国人士的精心呵护下，到 1920 年久大精盐年产量已达 3 万吨，产品迅速行销全国各地，中国人终于摆脱了"食土民族"的帽子。经过十年奋斗，久大的业务蒸蒸日上，资本由创办时的 5 万元增至 250 万元，规模由最初年产 1500 吨发展到 62500 吨，成为中国最大的精盐公司。[13]

　　在久大公司逐渐做大做强的同时，范旭东也声名鹊起。物美价廉的国产精盐一出现，触动了一些反动势力的既得利益，遭到了无良外商、部分军阀及盐商的攻击。英国率先发难，强迫北洋政府盐务署重新修订"精盐条例"，规定久大公司年产不能超过万吨，后来更是直接关闭其长芦盐场，想从原材料上对久大釜底抽薪。旧盐商们则联合

久大精盐厂

起来组织"淮南公所",与范旭东的"精盐公会"处处作对,几年间诉讼不断,试图扰乱久大的生产经营活动。[14] 幸亏其兄长范源廉在政府内部具有一定的地位和影响力,许多达官显贵都与范旭东有所往来,加上久大的产品得到了广大消费者的支持,这些绊脚石都被一一清除。假如没有这些社会力量的支持,久大精盐公司很可能就要被帝国主义和封建势力联合绞杀在襁褓之中了。而某些军阀的手段则更为下作,比如当时的奉系军阀李景林就曾以筹备军饷为由,要求范旭东捐款 20 万元。遭到范旭东的严辞拒绝后,李景林竟然下令扣押范旭东,并派人到范旭东的公司传话,以范旭东的性命相要挟,必须捐出 20 万军饷。后多亏兄长范源廉托人从中斡旋,前后缴纳了 13 万元的赎金,才换得范旭东脱险。范旭东被接上兄长的汽车时,忍不住失声痛哭,当时范源廉曾对范旭东的下属说:"我的弟弟是很坚强的,一般情况下,他是不会落泪的,他太伤心了,在中国办工业多么艰难啊!"[15] 民族实业已艰难如此,地方官员还要敲诈勒索,范旭东的泪水中或有与至亲之人重逢的感动,但更多的可能是一种悲愤和担忧。

　　除了助力范旭东的企业经营，范源廉还为范旭东的工厂引进了一个重要的人才——李烛尘。李烛尘和范源廉的相识可以追溯到维新运动时期，当时李烛尘加入了湘江学会，与范源廉相识，后来也远赴日本留学。1918 年回国后，李烛尘就加入了范旭东麾下，范旭东对李烛尘十分器重，将久大精盐公司的经营全权委托给了他。这为范旭东自己脱身进军制碱业创造了条件。

　　纯碱，即碳酸钠，是除了盐之外又一重要的民生产品和化工原料，可以用于制造玻璃、肥皂、染料等产品。纯碱可以直接从自然界中采集，但纯度低、分布散，不能满足现代社会的需要，因而必须使用工业化的方法生产纯碱。而当时制碱技术为西方国家所垄断，国内的纯碱全部依赖进口。这就导致一战爆发后，洋碱进口量锐减，价格暴涨，以碱为原料的中国工厂纷纷倒闭。范旭东看在眼里，痛在心里，下定决心一定要让中国人用上自主生产的纯碱。范旭东在欧洲留学时，除了考察盐业生产，还专门去拜访了英、比等国的制碱工厂，只可惜制碱在当年仍属于机密技术，范旭东未能获取有效信息。

　　1917 年，范旭东的久大精盐公司已经站稳脚跟，制盐大业告一段落，眼看列强忙于战争无暇东顾，他没有放过这一绝好发展民族制碱工业的时机，在自家的院子里摸索制碱工艺。当时世界上最先进的制碱工艺是索尔维制碱法，[16] 这种制碱方法需要使用食用盐，正好可以利用久大公司剩余产品。范旭东希望能复刻这种制碱工艺进行纯碱生产。可是这种制碱工艺的技术细节被英国人严格保密，他只能与陈调甫、王小徐等人合作，从零开始钻研。他们搭建起一座三米多高、能供给二氧化碳的石灰窑，又委托天津三条石万有铁厂制成一套小机器，经过夜以继日的奋战，终于取得了九公斤的纯碱产品。[17]

永利制碱公司

试验成功后，范旭东准备按部就班筹备办厂事宜。可一项技术从实验室走进工厂并非易事，制碱所需的设备远比制盐先进，对原料需求更大，技术上更复杂，资金消耗更大。正当他踌躇满志的时候，范源廉告诉他一个非常不好的消息：政府财政困难，汇丰银行趁机要挟财政总长陈锦涛给予英商垄断中国制碱行业的特权。陈锦涛暂时没有答应，范源廉希望弟弟从速创办制碱厂，防止英国人独占纯碱市场。

范旭东没有办法，为了保护中国的经济主权不受侵害，他于1918年11月仓促成立中国第一个制碱企业——永利制碱公司。新的制碱公司首轮融资四十万银元，率先投资的人有景学钤、张弧、李穆、王秀同、聂其杰、陈调甫，以及范旭东本人。[18] 为了让永利制碱公司早日开工生产，范旭东不得不动用久大公司的利润来购买设备，还以久大公司的名义大量贷款建设厂房。但是由于核心技术难以突破，厂房建成后长期未能投产，引起了股东们的不满。曾经最支持他的景学钤在股东大会上批评范旭东这样做是把公司置于险境，两人的矛盾一

侯德榜

度十分尖锐，最后导致景学钤愤而辞职离开了久大。不仅公司内部因为永利这只吞金巨兽产生了裂隙，社会上更是流言四起，卜内门公司的买办们也趁机唱衰，公司声誉受到严重影响。这样拖下去并不是办法，范旭东心急如焚，他一方面派出李烛尘考察内地一些天然碱矿，看是否能直接提纯天然碱，以解燃眉之急；另一方面派出陈调甫远赴美国购置先进机器设备，并寻找制碱人才，自己则在国内四处游说，为新生的永利继续争取资金支持。

　　艰难的日子持续到 1920 年，这一年，陈调甫在美国购得有关制碱技术的设计草图，并向范旭东推荐了一个人：侯德榜。二人见面后相谈甚欢，侯德榜感慨于范旭东实业救国的精神和求贤若渴的态度，答应毕业后立即回国协助其制碱大业。1921 年，美国专家 G.T. 李也应邀来到永利，负责各个机器之间管道的安装工作。1922 年侯德榜回国后，与 G.T. 李携手合作、相互学习，共同研究当时的前沿科技——

索尔维制碱法。

随着从美国购置的机器陆续运至天津，经过侯德榜和 G.T. 李的精心调试，1924 年 8 月 13 日，永利制碱厂终于投产了。正当所有人都以为万事大吉的时候，麻烦却接踵而至：先是干燥锅烧坏了，侯德榜发现美国人卖给永利的平底干燥锅是欧美国家早就淘汰的老旧型号，靠着 G.T. 李的帮助才买到了新式的圆筒形干燥锅；随后是输送碱液的钢管被腐蚀，需要全部更换成生铁铸管……侯德榜和范旭东等人没有被挫折打垮，发誓一定要冲破列强对制碱技术的封锁。他们夜以继日地工作，探究索尔维法的各种技术细节，不断改良生产线。终于，1926 年 6 月 29 日，永利制碱公司度过了蹒跚学步的时期，正式开工生产"红三角"牌纯碱，每日产量达到 30 吨以上，纯度高达99%。同年 8 月，在美国费城举办的万国博览会上，"红三角"牌纯碱荣获金奖，成为世界上首屈一指的工业品牌。

福无双至，祸不单行。曾一度独占中国碱市场的英国卜内门公司其实很早就注意到了永利这一新的竞争对手，只是由于永利的生产时断时续，产品质量也不好，卜内门公司认为它构不成威胁，仅仅是用一些小伎俩进行骚扰。可如今情况不同了，永利逆向破解了索尔维制碱法，产量大增，开始抢占中国市场，这让卜内门公司大为恼火。

经过一番策划和准备，卜内门从英国调来一大批纯碱，以原价40% 的低价在中国市场上倾销，不惜血本企图挤垮永利。这样的手段他们曾屡试不爽，并成功击垮过日本的太阳曹达株式会社。新生的永利和碱业巨头卜内门相比实力悬殊，面对卜内门的低价倾销攻势，一度处在生死存亡的边缘。范旭东为此焦虑万分，他知道如果永利同样采取降价措施，那不要多久永利就会财枯力竭走向破产，但若不降价，

永利制碱公司实验室

产品卖不出去资金收不回来，无法再继续生产，永利也将名存实亡。

但范旭东绝非等闲之辈，他想起卜内门公司在远东的最大市场——日本。既然卜内门在中国对永利围追堵截，永利何不迂回到日本从背后反击呢？由于一战后英国国内的社会经济受到严重冲击，卜内门自身的产量也比较有限，满足国内需求之后，能运到远东来的碱为数不多。现在为了对付永利，卜内门又把大量的碱运到中国，日本的碱市场必然相对紧张。只要趁机进入日本市场，就能打卜内门一个措手不及。

范旭东还了解到，在日本政府"殖产兴业"政策下成长起来的两大垄断财团——三菱和三井，两者都想在商界执牛耳，相互间竞争非常激烈。三菱有自己的碱厂而三井没有，它只能依赖进口，这正是范旭东所想要的。范旭东迅速与三井协商，委托三井在日本以低于卜内门的价格代销永利产的"红三角"牌纯碱。三井认为与永利合作既无须自己的投资，又有利可图，且解了燃眉之急，便很快与永利达成了协议。相当于卜内门在日本销量10%的"红三角"牌纯碱，宛如一支奇兵，通过三井集团遍布了全日本，向卜内门在日本的碱市场发起了进攻。

质量与卜内门相同且价格低廉的"红三角"牌纯碱，很快在全日本造成了碱价下跌的影响。这一突变使得卜内门措手不及，为了保住日本市场，卜内门不得不随之降价。由于卜内门的碱在日本的销售量远远大于在中国的销售量，这一降价使其元气大伤，而"红三角"牌纯碱在日本的价格却比卜内门在中国的低价还高一些，损失甚是轻微。结果导致卜内门在中国市场虽然处于优势，在日本却疲于应付永利的不断挑战，处于极其不利的地位。被永利打懵了的卜内门此时首尾难顾，权衡利弊后发现，保住日本市场比在中国扼杀永利要重要得多。他们不得不通过其驻华机构向永利表示，愿意停止在中国市场上的价格战，希望永利在日本也相应停止行动。范旭东也抓住机会，要求卜内门今后在中国市场上的碱价变动必须事先征得永利的同意，卜内门无可奈何地同意了。

当初强大的卜内门骄横不可一世，误以为新生的永利不堪一击，然而它的进攻却被范旭东彻底粉碎，到头来落得个惨败而归的结局。而永利则一路高歌猛进，成为亚洲最大的制碱企业。后来，侯德榜结合自己在永利的实践经验，用英文撰写了《纯碱制造》一书，于1933年在纽约出版，将索尔维制碱法公之于众，彻底打破了帝国主义的垄断，用实际行动向世界证明了中国人的实力！

范旭东曾说过这样一段话："化学工业要形成我们民族的长城，这岂是不出几把汗，不咬紧牙关，一代二代干下去，建设得成功的?!"[19] 范旭东身体力行实践着他自己说过的话。

三酸两碱，是现代工业的基础性原料，永利制碱公司成功解决了中国两碱不能自产的问题。但是，酸的问题依然没有解决，各种与酸有关的化合物仍然依赖进口，每年单是进口化肥就要使数千万银圆外流。因此，当时有很多学者都曾建议国民政府早日实现酸的国产化，范旭东也不例外。1929 年 1 月，他向国民政府实业部提交过一份报告，指出酸碱是国家工业的命脉，绝对不能掌握在外国人手中，并提供了一份发展硫酸、硝酸、合成氨制造业的计划。但这份计划耗资巨大，国民政府不置可否。

20 世纪 30 年代，国民政府尝试进行经济改革，孔祥熙就任实业部部长后，召集各部门专家，制订了一份实业振兴计划，其中就有建立硫酸铔厂一条。为什么是硫酸铔厂呢，因为此时的日寇对中国虎视眈眈，硫酸铔厂在和平时期可以生产化肥助力农业发展，一旦爆发战争，马上就能生产炸药以资军需。范旭东作为化工专家，自然明白这一点，因此他对这件事格外上心。当实业部邀请他加入筹备委员会时，他立即答应下来，赶赴上海参加筹备会议，并在会议结束后的第三天就马不停蹄地前往武汉等地对工厂选址展开调研。

当英国人得知中国人要自办硫酸铔厂后，感到自己的殖民利益受到了损害，卜内门公司在英国政府的支持下，多次向国民政府施压，要求签订一份极其不合理的协议保障他们的殖民特权，但这些要求都被负责此事的宋子文拒绝了。只不过，宋子文拒绝英国人的无理要求，并不是出于爱国主义，而是想借机染指范旭东的产业，再找机会彻底控制永利公司。范旭东毕竟在北洋政府那里吃过亏，他对官僚始终有着清晰的认知，"我国任何政府参加的工矿，从来没有表现过良好的结果，美其名官商合办，实则商股根本无权，而官场中种种腐化习惯传染进去，对企业遂成为一种不治之症。"他对此态度坚决："只要他们（四大家族）投资一个铜板，我就关门。"[20] 即使宋子文表示愿意承担硫酸铔厂建设所需的全部费用，他也不为所动。事实证明，范旭东很有先见之明，因为很多民族企业就是被四大家族借着"投资"的名义收入囊中的。

1934年3月，永利制碱公司更名为永利化学工业公司，决定在南京卸甲甸兴建硫酸铔厂，同时发行公司债券筹集资金。4月8日，范旭东派遣侯德榜带队前往美国，考察国外的制酸设备，寻求与国外厂商的合作，或者直接引进相关技术。在对外的态度方面，范旭东与范源廉颇有相似之处，他积极主张与外国展开交流合作，学习、引进国外的先进科学技术，但与此同时，他也对帝国主义抱有相当的戒心，始终以自己的祖国为出发点和落脚点，坚决不干损害民族利益的事。因此，在与美国公司谈判设计合同时，凡有损主权的不平等条件，范旭东均加以拒绝；在采购机器设备时，对于国内能自产的均不予订购，力求设备上的自主与学术上的独立；如果不得不买，就要货比三家，选择性价比高、最能满足需求的产品进行订购。

1935年，建厂工作进入最后的总装阶段，从各国订购的设备陆续运达，侯德榜也于1936年回国协助范旭东指挥硫酸铔厂的施工。在永利全体员工夜以继日的奋战下，1937年2月，南京硫酸铔厂终于竣工，顺利投入生产。该厂每日可产硫酸铔250吨、硝酸40吨，补上了中国基础化工的最后一块拼图。这是范旭东实业之路的又一个高峰，更是中国工业史上的里程碑，仅仅十年就实现了两酸两碱的自主生产。这让范旭东激动不已，民族工业的伟大复兴，仿佛近在咫尺！

随着事业的成功，范旭东成为中国实业界名声显赫的实业家。一

南京硫酸铔厂旧址

天晚上，一位金发碧眼的记者小姐闯进了范旭东的房间，她自我介绍是一家美国人在上海办的杂志社记者，想采访一下范先生。这是一家大杂志，每年出一册中国《名人录》，在当时颇有影响。许多名流政要都十分看重它，以能登上《名人录》为荣，甚至不惜重金以求。范旭东听后，不紧不慢地说："不巧得很，范某刚刚出去，你们若找他，请改日再来。"这位小姐万没想到，眼前这位穿戴简单、身材矮小的人就是大名鼎鼎的范旭东，信以为真，拔脚离去了。洋小姐刚一走，范旭东便愤愤地说："上海英国租界内公园门口，至今还挂着'华人与狗不得入内'的牌子，却让我上什么名人录，见鬼！"第二天早上，范旭东正伏案处理公务，那位洋小姐又突然推门而入。范旭东急忙放下手中的笔，把公文放进随身携带的黑色公文箱中并说道："范某人昨夜没回来，你非要找他，我去给你找。"说完，范旭东提起皮箱，匆匆忙忙地离开了房间。这就是范旭东，全身心投入工作，投入实业，而于名于利却淡泊如水。[21]

1937 年 7 月 7 日，卢沟桥事变爆发，日本发动了全面侵华战争。到 7 月底，北平、天津相继沦陷。8 月 7 日，日本人占领了位于塘沽的久大盐厂和永利碱厂，面对如此危急的情势，范旭东立即要求天津的员工坚壁清野，拆除所有机器设备，不让工厂沦为日本人的帮凶。随后，日本人安排兴中公司接管了范旭东在天津的产业，竟然还厚颜无耻地派人找到李烛尘，让他在合作意见书上签字。李烛尘断然回绝，对前来谈判的日寇破口大骂，随后按照范旭东的要求，离开天津转入后方。

上海沦陷之后，日寇兵锋直指南京，但贪婪的日本人竟还妄图得到南京硫酸铔厂，表示只要范旭东与他们合作，就可以保全他多年来呕心沥血建设的产业。范旭东的爱国之心不曾动摇过，这是兄长从小就教会他的事情，他对日本人说："宁举丧，不受奠仪。"[22] 然后指挥公司上下，整理重要的文件和图纸，机器设备能搬走的随技术人员转移到内地，搬不走的就扔进长江，来不及运出的纸质文件则付之一炬。

转眼间，大半的国土惨遭日寇蹂躏，好不容易建立起来的民族工业亦是支离破碎。范旭东知道，这种时候完全指望国民党政府是不现实的 [23]，他立即在汉口召集"永久黄"的核心成员开会，以求集思广益、自力更生。会上，范旭东对同僚们说："抗战后，我们最大的收获，我认为就是大势强逼着我们必得发挥创造能力。有人想苟安，想维持现状，立刻就站不住脚，要滚下十八层地狱。给敌人取得最后战果，那是万万做不得的。尤其是我们，平素对国事还有相当抱负，更不能起一丝一毫颓废的杂念，行为要更加纯洁、勇敢，自不待说，必当尽心竭力，从种种角度，创造新的环境，救国兼以自救。"[24] 经过激烈讨论，大家一致放弃了各自逃难的想法，决定团结起来，在四川选址，重新建造一个工业中心。

幸运的是，虽然厂房毁了、机器丢了、资金没了，但大部分的技术人员和领导层都安全转移到了后方。1938 年，久大精盐厂、永利碱厂、南京硫酸铔厂、黄海化学研究社的负责人和技术人员陆续抵达重庆，由于住房紧张，范旭东和他们一起暂住在南渝中学的宿舍楼里。他们没有多少时间休息，前线战事吃紧，中华民族正处于危急存亡之秋，尽快恢复两酸两碱的生产才是重中之重。

1938 年春，久大、永利经理处在重庆市成立，在总经理范旭东率领下，久大由李烛尘任副经理，永利由范鸿畴任副总经理，并在香港设立办事处，购买当时紧缺的五金器材、电子设备、化学药品等运回四川。入川后不久，范旭东就将制盐厂厂址选在了自流井张家坝。所有的工程项目在危急时刻进展更为迅速，1938 年 10 月，制盐厂即建成 3 口平锅，每口平锅蒸发面积约 90m²，可年产食盐 1.2 万吨，有效缓解了后方食盐供应紧张的问题。

经过认真考察，范旭东选定了乐山五通桥老龙坝作为永利制碱厂的厂址，因为经过勘探，这里盐卤、石灰石、煤炭的储量都很丰富，而且水陆交通相对完善。但是，这里的盐井出产的卤水含盐量却很低，一直以来采用的索尔维制碱法对盐的利用率本来就不高，这样一来原料成本就会大大增加，也十分影响生产效率。为了解决这个问题，范旭东先是于 1938 年赴德国考察，准备购买新式的查恩制碱法专利，但对方提出了有损中国主权的条件，范旭东中止谈判，决定自行研究新的制碱方法。由于重庆时常遭受日军轰炸，他将自己在香港的房产改造成实验室，组织人员在此研究新的制碱法，并派遣侯德榜前往美国取经，其间通过电报遥控指挥国内的实验小组。一大批科技人员经过了两年多的艰苦努力，于 1941 年研究出新式制碱法，让制碱与合成氨两步工序合并于一炉，同时生产纯碱与氯化铵化肥，并在四川试车成功。该工艺对氯化钠的利用率高达 97%，受到了国际学术界的高度评价。为表彰侯德榜在开发新制碱法中的贡献，范旭东将其命名为"侯氏制碱法"，并未把功劳揽在自己头上。

侯氏制碱法大获成功后，范旭东也没有歇着，立刻动身前往美国与侯德榜会和，商讨技术细节并选购新工艺所需的设备。他这次美国之行有一个小插曲。那天，范旭东和侯德榜考察完一家美国化工厂，回来的路上，几个中国小孩突然出现在他们面前，询问他们："先生，买花吗？我这里有梅花，还有……"在异国听到熟悉的乡音，令二人倍感亲切。他们蹲下来问小孩："你们都是华人吗？这么冷的天，你们为什么要出来卖花呀？"其中一个小女孩回答说："妈妈告诉我们，祖国正在抗战，我们也要为抗战出一份力，卖花的钱，是准备捐献给祖国抗日的。"[25] 听完这话，范旭东受到了深深的震撼，他将身上所有的零钱都给了这几个小孩，沉默地回到公寓。来美国的路上，他看到很多外逃的国人，心想：这些寓公[26] 对国事漠不关心，只想着利用自己在国外的产业继续逍遥快活，但我们自古以来，就有埋头苦干的人，有拼命硬干的人，有为民请命的人，有舍身求法的人……这些人才是中国的脊梁！如今，垂髫稚子亦知为国分忧，我等又有何理由不竭尽全力，撑起家国傲骨呢？想到这里，范旭东不愿在美国多做停留，马上动身回国。在永利公司为他举办的接风会上，他向公司上下表示："我马上开始工作，希望同仁各守各的岗位，少谈方法，多做实事，向前努力，把我们的事业做成一颗民族复兴的种子。"[27]

1943 年，久、永、黄合资在自贡贡井创办了三一化学制品厂，生产氯化钾、硼砂、硼酸、溴及溴化物等产品。又在威远设立恒兴堂煤矿，并在厂内设酒精分厂生产酒精。同时，改造永利制碱厂，使之能生产玻璃、耐火砖、杀虫剂等多种产品，充分利用自身掌握的技术力量，保障后方的物资供应。也是在这一年，范旭东绘制了有关民族工业未来发展的宏伟蓝图——《十厂计划》，这十厂分别是：1. 塘沽永利碱厂；2. 南京硫酸铔厂；3. 五通桥合成氨厂工程；4. 五通桥硝酸、硝酸铵及硫酸工厂；5. 湖南株洲水泥厂；6. 青岛食盐电解厂；7. 株洲硫酸铵厂；8. 株洲炼焦厂；9. 株洲玻璃厂；10. 南京新法制铵厂。[28]

这十座工厂，遍布祖国的大江南北，若能全部建成，会使中国工业的空间布局和行业布局大为改观，这是范旭东一生中最大的梦想。1944 年，日军节节败退，抗战迎来了胜利的曙光，范旭东立刻行动起来。他同时与中共地下党组织负责人龚饮冰联系，筹办了建业银行，获取了中国共产党对于他到解放区办厂的支持。11 月 11 日，他又赴美参加战后工商国际开发会议，借机为自己的规划争取国际支持，他先是拿到了巴西政府建设制碱厂的订单，又以极其优惠的条件争取到了美国进出口银行 1600 万美元的贷款。回国后，他向国民政府提交计划书，建议设立经济参谋部，统筹全国工矿产业建设，国民党中央设计局采纳了他的建议，制定了战后经济总纲领……

1945 年 8 月 15 日，日本宣布投降，范旭东先生终于带领民族化工业走出了至暗时刻。可他自己却因积劳成疾，于 1945 年 10 月在重庆病逝，结束了为国家、为民族鞠躬尽瘁的一生。当这位创办了拥资巨万的实业家溘然长逝时，人们却发现他几乎是两袖清风。正如侯德榜所说的那样："范先生做了 31 年的总经理，但自己没有盖过一所房子，私人没有一辆汽车，死后两袖清风，甚至目前范夫人的生活都成了问题。"而临终前范旭东念念不忘的却是事业，告诫同仁"齐心合德，努力向前"。

范旭东的逝世，引起各界人士的同声哀悼。著名教育家陶行知在悼文中称他是"一位最优秀的企业家"，是"中国新兴工业的一颗新星"。周恩来、王若飞同志的挽联上写道："奋斗垂卅年，独创永利久大，遗恨渤海留残业；和平正开始，方期协力建设，深痛中国失先生。"[29]

在多年以后，范旭东的远房侄儿许腾八先生在回忆范旭东的生平时，也是感慨万分。在他的印象里，这位远房姑父虽然贵为数家大公司的老总，但为人行事低调亲和，很多地方都令人钦佩。他在《回忆范旭东先生》一文中写道："在旧社会里，一般来说一个大公司的总经理总是很会排场的。出进坐汽车，随身带秘书，而范先生则不然，从不带秘书（即使出远门也一样），由家里到总公司有很长一段路，他总是步行。他经常说'人生两条腿，不走还行？'他很注意卫生，也很节约，他的家里，家具大部分是中国老式的，但是很整洁，布置得很别致，穿的是深蓝色西装，朴素而又整齐，经常微有香味。饮食经常是两荤两素一汤，量少而营养丰富，鸡汤上看不见一颗油珠。他出门远行的时候，除了在上海住华安饭店或其他地方久大永利的营业处外，途中从不在外面吃饭，而是靠自带的饼干和花生米充饥。他在用费方面，公与私是分得非常清楚的，每次出远门时，他的夫人事先都把钱一包一包地包好，并记下作何用途。总的来说，范先生之所以能够专心事业，和他夫人的帮助是分不开的。"

要说范旭东实业生涯中最大的不幸，除了苦心经营的工厂遭日军破坏，就是在事业的巅峰期失去自己的母亲和兄长。虽然范源廉于1927年不幸逝世，但是他对弟弟产生的影响却十分深远。范旭东捐款创办了纪念范源廉的"静生生物调查所"、纪念其母亲的"范太夫人纪念奖"。为了纪念兄长，范旭东默默做了很多事。兄长范源廉曾致力于教育慈善事业，他就成为隐储女校、育才中学、南渝中学、南开大学、重庆大学、北京大学等学校的捐款人；兄长说要"示科学之重要"，他捐款10万银元创办中国第一家民间科研机构——黄海化学工业研究社；兄长一生秉持爱国主义，他在缺乏政府支援的情况下向日本索回抗战期间被抢夺的物资……他没有辜负兄长的期望，成为了中华民族的英雄。

范旭东创办久大精盐公司，是为了让中国老百姓摘掉"食土民族"的帽子；他创办永利碱厂，是为了改善老百姓的日常生活；他创办南京硫酸铔厂，是为了生产化肥，帮助农民增产增收。他创办中国工业服务社，是为了帮助弱势的中国企业提升技术，团结民族实业家以求摆脱帝国主义的压迫，实现中国工商业的独立。20世纪50年代，毛主席在谈到民族工业发展时曾说有四个人不能忘记："讲重工业不能忘张之洞，讲轻工业不能忘张謇，讲化学工业不能忘范旭东，讲交通运输不能忘卢作孚。"范旭东的实业之路，就和范源廉的教育之路一样，兄弟二人殊途同归，起点是人民，终点亦是人民。

2. 职业教育，实业救国

范氏兄弟二人是相辅相成的，兄长范源廉对弟弟范旭东的人生起到了榜样和辅助的作用，弟弟范旭东秉持的实业救国思想同样影响了兄长范源廉。因此，范源廉虽为教育总长，也一直十分重视民族实业与科学技术的发展，并形成了独特的实业教育理论与实践。

鸦片战争后，中国在列强的坚船利炮下逐渐沦为半殖民地半封建社会。面对外族入侵，清政府对外屈膝投降，对内加大剥削，百姓生活在水深火热之中。为了解决日益严重的内忧外患，几乎所有的有识之士都在思考：如何救国？对于这个问题，无数的仁人志士展开了长期的实践与理论探索。

按照《中国近代社会思潮》[30]的观点，实业救国是一种在甲午战争后出现的社会思潮，实业救国论者把仿效西方近代生产方式，发展资本主义工商业的意义提到救国救民的高度，主张以工业化为核心手段增强本国的综合实力，但也不排斥其他救国方法。其实在洋务运动开始后，随着西方的科技文化大量传入，很多人都意识到了科学技术在社会发展中的重要作用，一些洋务派和早期民族资产阶级提出要振兴商务、师夷长技，为实业救国思想的出现奠定了基础。

甲午战争中国惨败，签订了丧权辱国的《马关条约》，其中允许列强在国内办厂的条款使西方列强的在华经济特权进一步扩大，对中国的经济侵略由以商品输出为主转变为以资本输出为主。同时，清政府为扩大财源偿还赔款，放宽了对民间设厂的限制。面对西方资本的大举入侵，工商业基础贫弱的中国市场瞬间被瓜分殆尽。陈炽在《续富国策·劝工强国说》中写道："一富一贫一强一弱一兴一废一存一亡，而皆以劝工一言为旋转乾坤之枢纽"[31]，部分民族资产阶级举起了"设厂自救"的大旗，在 1895 年至 1898 年这三年间掀起了一次投资办厂的热潮。但尚处萌芽阶段的实业救国思想在当时还只是少部分人的选择，由于洋务运动的破产，资产阶级维新派认为学习西方的科学技术是治标不治本，必须学习西方的政治制度。虽然康有为、梁启超等人在宣传西方政治制度时，也顺带提出了"定为工国""以工立国"这样带有实业救国色彩的观点，但在以"君主立宪"为核心的维新思潮盛极之时，这些思想的影响十分有限。

实业救国思想真正兴起的时间，恰好是范源廉走出家门求学的那十年。1901 年，列强对中国发动了八国联军侵华战争，中国与他们签订了屈辱的《辛丑条约》，列强掀起了瓜分中国的狂潮，4.5 亿两白银的赔款对中国民生来说更是雪上加霜。此时维新变法业已失败，政治改革行不通，为了救贫、救国，人们将目光转移到发展生产、兴办实业上来，"振兴实业"的社会舆论日益高涨。1901 年 1 月，慈禧太后宣布实行新政，其目的虽是出于维护自己的封建统治，但其在经济改革方面的内容带有明显的资本主义性质。清政府制定了一系列保护工商、振兴实业的改革措施及法律条款，这在一定程度为民族资本主义经济的发展造就了相对有利的社会环境，实业救国思潮由此兴起。这一时期，不少知名人士发表了有关实业救国的观点，比如张謇就极力宣扬实业救国论，认为："救国……譬之树然，教育犹花，海陆军犹果也，而其根本则在实业"[32]，胜因在《实业救国之悬谈》一文中认为实业"原为国民生计之舒惨所系，亦为国政隆污之所系，且即国命延保之所系。"[33] 这些思想反映了社会各阶级，尤其是民族资产阶级对救亡图存的强烈愿望。

1911 年辛亥革命爆发，资产阶级革命派推翻了统治中国两千多年的封建君主专制制度，建立了资产阶级民主共和国，民族资本主义发展的社会环境有所改善。在取得政权后，资产阶级革命派首先要做的就是开展经济建设，因而践行"实业救国"思想的队伍进一步扩大。

1912 年 4 月 17 日，孙中山先生到访上海，上海实业界人士为他举行了欢迎仪式，在会上他这样讲道："中国乃极贫之国，非振兴实业不能救贫。仆抱三民主义以民生为归宿，即是注重实业。"[34] 孙中山提出的三民主义中"民生主义"的实质就是振兴民族实业，他后来还在自己的《实业计划》中较为系统地阐述了实业救国的方针，并构想了未来中国工业发展的宏伟蓝图，极大丰富了实业救国思潮的内容。与此同时，社会上的各种报刊也开始发文呼吁兴办实业，比如《民国汇报》发出号召："今后政体既革，吾国第一流雄骏才智之士，发扬蹈厉于此东亚祖国者，其投身实业者欤？"[35] 实业救国思想得到了各类报纸、杂志的有力宣传，影响力从社会上层逐步向中下层扩散，普通民众受到实业救国思想的影响，还出现了自发抵制洋货、购买国货等行为。

到了范源廉就任教育总长的时候，实业救国思潮进一步扩大，实业团体如雨后春笋般涌现。据学者统计，仅 1912 年一年，全国就成立了 40 多个实业团体，例如"中国实业共济会""中国实业会""黑龙江实业总会"等，遍及 22 个省区，涵盖了农业、矿业、制造业、贸易及金融等诸多行业。[36] 这些实业团体中，有的致力于吸收海外华侨，以此来扩大实业救国思潮的国际影响，为中国经济争取国际支持；有的致力于社会学、经济学研究，在调查研究的基础上制订经济建设的具体方案，以此向政府建言献策；有的致力于创办报刊、举办讲座，努力传播先进的生产知识和技术；还有的集资开办学校以传授实业知识和技术，培养近代工业发展急需的各种人才。

不可否认的是，实业救国思潮对清末民初中国经济的发展起到了积极作用，与之相伴的收回利权运动和第一次国货运动更是促进了中华民族意识的觉醒。正是在这全国上下兴办实业的爱国浪潮中，范旭东走上了实业救国的道路。范源廉虽然没有投身实业，但他亦深知实业之重要，"实业者，国家之命脉。农务生产、工精制造、商业懋迁，今日必具世界远识，乃能与各国实业家争无穷之利，非如自产自用时代。沾沾于目前者，可比欧美各国，知实业关系于国家者至重"。[37] 他所从事的教育行业也是当时不可忽视的一股救国力量。

教育救国思想与实业救国思想一样，都是近代爱国人士救亡图存的产物，但它有一点与实业救国不同，实业救国思想本质上就是近代西方科学文化知识的本土化应用，但教育救国根源于"建国君民，教学为先"的社会文化传统，在实践过程中吸收了现代教育学理论，最终形成了一种救国思潮。

"仕而优则学，学而优则仕"，长期以来，教育在中国古代传统社会一直占据着核心地位，官员同时也是老师，政府机关的教育职能和政治职能高度统一。这样一来，个人教育与国家命运就紧密结合在了一起。因此，历朝历代的统治者，无论其上台方式、所属阶层、政治理念有何不同，无不重视对教育的发展和掌控。中国古代一直拥有着全世界最完备的教育体系，无数名家大儒都在这个领域笔耕不辍，从孔子到康梁，知识分子都把教育视作为国选材和文化传承的重要渠道，也是实现政治抱负和个人理想的重要活动领域。儒家传统教育观虽然存在一些腐朽落后的地方，但不得不承认的是，在它的影响下，中国社会形成了对教育普遍而深刻的理解，大多数的中国人都对教育在国家以及个体发展中的独特作用感到认同。鸦片战争以后，中华民族面临着数千年以来最为严重的危机，这种重视教育的社会文化心理，使中国的有识之士们自然而然地将救亡图存与培养人才联系起来。

同治五年（1866 年），奕䜣奏请在京师同文馆增设天文算学馆，提出"即延聘西人在馆教习，务期天文、算学，均能洞彻根源，斯道成于上，即艺成于下，数年以后，必有成效"[38]。这是中国人第一次自办近代教育，洋务运动成了教育救国的开端。洋务派的另一位代表人物郭嵩焘也认为："人才国势，关系本原，大要莫急于学……此实今时之要务，而未可一日视为缓图者也。"[39] 在随后的几十年里，洋务派开办了大量的近代学校，比如天津西医学堂、天津水师学堂、南京矿务铁路学堂、上海机械学堂、福州船政学堂等，这些学校为洋务运动培养急需的专门技术人才，已经具备了现代职业教育的雏形。经过洋务运动和早期维新派的宣传和推动，教育救国思想逐渐趋于成熟。清光绪二十一年（1895 年），张之洞在《吁请修备储才折》中指出："人皆知外洋之强由于兵，而不知外洋之强由于学。夫立国由于人才，人才出于立学，此古今中外不易之理。"[40] 并明确提出了"非育才不能图存，非兴学不能育才"的教育救国观点。洋务派的教育救国理论以技术教育为主要手段，试图在中体西用的原则下培养能挽救清政府统治的人才，其局限性显而易见，然而它仍然代表着时代前进的趋势，故而得到了迅速发展和广泛传播。

资产阶级维新派登上历史舞台以后，依然把改革文化教育作为维新变法的重要部分，对洋务派的教育救国理论进行了改造和阐发，超越了洋务派所倡导的"技术教育救国"的范畴，而转向关注制度层面和国民现代素质的培养。严复致力于通过撰文和演讲阐述教育救国道理，希望通过倡导西学和教育改革来启发民众思想、提升民众道德，以挽救国家的危亡。到了范源廉投身教育行业的时期，随着辛亥革命的成功进一步解放了思想，众多杰出人物和社会名流如蔡元培、胡适、黄炎培、陶行知、鲁迅等先后加入了教育救国的队伍中，从不同角度指向教育救国的思想层出不穷。蔡元培提出了改造中国国民不可或缺的五育：公民道德教育、军国民教育、世界观教育、实利主义教育、美感教育，"五者皆今日之教育所不可偏废者也"[41]；陶行知认为"国家贫，非教育莫与富之，人民愚，非教育莫与智之"，并论证了"生活即教育""社会即学校""教学做合一"等教育思想[42]。此时的教育救国理论和实践以及社会影响达到了空前的高峰，在我国近代教育史上写下了浓墨重彩的一笔。

范源廉也认识到："吾国以教育之不发，致各方之人才事业无独立之能力，又因各方之人才事业之不能独立，以牵及于国家之内部实力不能健全，而国力乃日形屡蔽。国力既穷，遂使国际资格逐渐剥夺，国家对外之地位，亦因之日陷于危险"[43]，他常常在与人交谈国事时，表达出自己对中国未来教育的展望，并终身以教育救国为己任。

实业救国与教育救国等社会思潮的出现，意味着中国产生了一整套的资产阶级性质的社会政治理论，并且在与封建体制和封建思想的相互斗争中逐渐走向完善。范源廉的教育思想，就是在这样的理论背景下诞生，以其个人的爱国主义为灵魂，融合了实业救国和教育救国两大路线，并形成了独特的实业教育理论与实践。

实业和教育，哪一个更重要？哪一个更能改变中国的未来？范源廉认为，二者应当结合起来，这在当时属于十分先进的思想。1912年7月，全国临时教育会议召开，范源廉等人出席会议，在会上范源廉特别强调了实业教育的重要性，认为要加强学生的职业技能训练，并提出了"发挥国民固有精神"和"提倡个人职业独立"的见解。1917年，范源廉在全国实业学校校长开会训辞中说："我国素以贫弱见拙于世，即在平时，尚宜振起实业，以图渐致富强，况有此深切著明之欧战教训，耳提面命以诏我耶？到会诸君皆于实业教育富有学识经验，谅能各抒宏论，以匡本部所不逮，实厚望焉。"[44] 范源廉较早地认识到，以中国积贫积弱之现状，教育救国缺乏足够的经济基础，盲目兴办各种高等教育必然会在生源和资金方面遇到问题，无法培养足够的人才，同时，国内专门人才的匮乏，会导致国内民族实业对外依赖度过高，若完全依赖进口兴办工业，势必受到西方列强的掣肘。想要打破这个恶性循环，必须实业与教育并举，让教育为实业服务，实业为教育铺路！他在全国商会联合会代表茶话会上发表过这样的观点："实业与教育互相联络，为益甚宏。若再协力进行，俾教育上之设施适合于实业之用，前途之希望，当更未有艾也！"[45]

在范源廉看来，民国初年的教育工作重点包括三个方面。第一是大力发展国民普通教育，尤其是义务教育，以求开启民智，使民众具备基本的文化素养、道德素养和政治素养；第二是整顿改造现有的学校，废除封建时代的陈规陋习，提倡现代化的教学方式；第三是重视发展实业教育，为民族实业培养足够的人才，以达到实业兴国的目的。范源廉将发展实业教育提升到了救国爱国的高度，认为只有把实业教育放到与普通教育同等的地位，才能真正振兴实业，使中国逐步走上富强之路。

当然，范源廉并不是只会空喊"发展实业教育"这类干瘪口号的专家，蔡元培曾这样评价范源廉："我在教育部时，请范君静生相助。我偏于理想，而范君注重实践，以他之长，补我之短。"[46] 注重实践是范源廉为人处世的特点，他在任教育总长期间，坚持不懈地践行他的实业教育理念，做了一些有利于我国实业教育发展的实事。

在民国元年的学制改革中，范源廉先是作为教育次长辅助教育总长蔡元培的工作，7 月份又继任教育总长。在此期间，他参与了北洋政府第一次教育改革，主持制定了"壬子癸丑学制"。壬子癸丑学制是范源廉实业教育思想的首次应用，规定实业学校是以教授农工商必须之知识技能为目的的学校，对实业学校按照所授技能之门类分为甲、乙两种。甲种实业学校预科一年加本科三年，乙种实业学校三年。甲种实业学校实施完全的普通实业教育，培养流程更长，乙种实业学校类似速成班，课程除了涵盖农业、工业、商业等常见的实用技术门类，还会根据地方需要开设特殊技术课程。两种学校的设立、废止都需要呈报教育总长。自此，实业教育有了明确的政府纲领性文件作为指导，与普通教育、师范教育共同构成了民国初期的教育体系。

虽然初等小学毕业可进入乙种实业学校，高等小学毕业可进入甲种实业学校，进入实业学校学习的门槛并不高，然而事实却令人感到失望，不仅实业学校的占比仍然较低，学生人数甚至还出现了下滑趋势。为了改变这种状况，范源廉主张在实业教育上投入更多资源，要求各地高等小学与乙种实业学校应各占半数，中等学校与甲种实业学校应各占半数，学生应根据个人和家庭情况选择进入何种高等学校。范源廉还很注重实业学校与民族企业之间的互动，提倡学校应当和企业保持联系，使实业学校的课程设置适合实业发展的需求，防止出现学生毕业后空有一身技艺却无用武之地的情况。

除此之外，范源廉在考察了美国教育之后，深感美国职业教育之发达，于是他吸取西方国家先进的职业教育经验，在修订教育大纲时对实业教育的各项细节予以完善，进一步提高了实业教育的地位。

1920 年，范源廉第三次出任教育总长，在他的积极参与下，1922 年，北洋政府颁布了《学校系统改革案》，规定了全新的"壬戌学制"。该学制对职业教育做出了更加健全的安排：甲乙两种实业学校均改称职业学校；小学高年级阶段增加了职业教育的准备课程；进一步增强职业学校科目设置的自主性，学校可根据自身条件和地方实际自主安排科目和学习时长。至此，中国正式确立了近代职业教育制度，"使近代社会以来教育与经济的联姻得到了合适的调整和有机的结合"[47]。

除了在政府层面为实业教育建章定制，范源廉还积极参与社会层面与实业教育相关的活动。当时，提倡大力发展实业教育的并不只有范源廉一人。1911 年，《教育杂志》的主编陆费逵在《世界教育状况》序言中写道："吾国今日，函宜注意者有三：国民教育，一也。职业教育，二也。人才教育。三也。"[48] 1913 年，黄炎培在《教育杂志》上发表了《学校教育采用实用主义之商榷》一文，文中提出，教育的目的是要使人"于己具有自立之能力，于人能为适宜之应付"，也就是加强个人与社会之间的联系，要求学校"打破平面的教育而为立体教育"，"渐改文字的教育而为实物的教育"，并针对一些具体科目提出了具体的教学建议。[49] 除此之外，张謇、陈独秀、蔡元培等一众教育家都提出了有关实业教育的想法与建议。

这些社会人士的思想与范源廉不谋而合，为了中国的职业教育发展，为了早日实现民族复兴，范源廉与他们积极展开合作。1917 年 5 月 4 日，中华职业教育社在上海成立，范源廉是该社 48 位签名发起人之一，并自 1920 年起担任议事会议事员。1924 年因供职中华教育基金会董事会，为避嫌辞去了包括该社议事员在内的多个职务，但依然为该社会员，直至逝世。[50] 在中华职业教育社的大力推动下，到

1924 年时，中国职业教育机构的数量几乎翻了一番，职业学校的类别扩充到十大类，专业设置也不再局限于传统的农工矿，涉及了越来越多的行业，职业教育已经拥有了相当的规模。这些成果的取得，都离不开教育总长范源廉的支持。

由于近代中国半殖民地半封建社会的客观条件限制，不论是实业救国、教育救国还是两者结合，都不是复兴中华民族的根本方法。范源廉的实业教育思想或多或少存在理想主义色彩以及历史局限性，但毋庸置疑的是，范源廉的确具有远见卓识，他的思想对今天的中国仍有借鉴意义。

我国目前正处于经济转型的关键时期，随着低端产业向中高端产业升级，对工人文化素质和技术能力的要求也会逐渐升级。然而，在这个关键的时代窗口，我国的教育却不能提供足够的技术人才以满足经济转型升级的需要，"就业难"和"招工难"并存的结构性矛盾十分突出。如果不能解决这些问题，我国经济由高速发展转向高质量发展就是一句空话，而范源廉提倡的"教育要与实业相结合"正是解决问题的良方。

在当时的中国，范源廉倡导教育应当注重与社会的对接。如今，我国大学生缺乏"硬技能"已经成为普遍现象，因此，无论是普通教育还是职业教育，都应当注重对学生实践技能的培养，最好能保证学生毕业后至少拥有一项熟练技能。在当时的中国，范源廉根据实际情况随时调整实业学校的发展方针，如今职业教育学校也应当面向产业和社会发展需求，动态调整专业设置或招生计划，通过广泛的校企合作，建立企业用人需求数据库，促进教育和产业联动发展，实现哪些行业缺人才，就在对应的专业扩招学生，反之则缩招。范源廉在那种国情之下都能站在世界的高度指导实业教育的发展，当前中国职业教育发展也要在更加开放的条件下进行。我们应积极开展中外职业教育交流合作，向包括德国在内的国家学习先进经验。我国当前正在深化教育改革的关键期，应参考历史留下的经验和教训，转变教育发展理念、加大对职业教育的资金投入和政策扶持，为我国建设社会主义现代化强国培养大量高级技术人才，促进经济高质量发展。

3. 忘身舍家，急赴公难

范源廉超越了以往"保国即所以保身家"的传统爱国观念，也没有落入"盲目排外，唯我独尊"的民族主义陷阱。在他看来，如果一个人能超越自己的既得利益和所属阶层，"忘身舍家，急公赴难"，把人民的利益放在首位，这才是真正的心怀爱国观念。范源廉的爱国主义是与和平主义相统一的，是爱憎分明的，是十分具体、十分理性的，这样的爱国主义，正是我们需要学习和弘扬的。

历史已经无数次地证明，战争给中国老百姓带来的必定是灾难。范源廉十分清楚爱国，首先要爱民，他始终希望中国的老百姓能够生活在和平、安定的环境中。

近代中国多灾多难，范源廉所处的时代正是军阀割据与日本不断对华入侵的时期。作为具有爱国情怀的知名慈善人物，范源廉十分清楚战争给老百姓带来的苦难，因此，他积极组织或参与各类维护和平的爱国救助活动。如北洋军阀统治时期的南北战争期间，范源廉联合社会各界人物，力图促成双方在湖南地区的停战；又如北伐时期，他对湖南的和平建言献策，对近代中国的和平事业做出了巨大贡献。

1917 年夏天爆发了护法战争，而交战的主战场正是在湖南。湖南作为兵家必争之地，自然被南北军阀虎视眈眈。当时的湖南被迫陷入了混战的沼泽，四处战火纷飞，哀鸿遍野；百姓们流离失所，苦不堪言。民众生活和经济发展都遭到了严重破坏。湖南这一民不聊生的惨烈状况牵动了千千万万个在外湖湘人士的心，他们纷纷奔走斡旋，试图劝阻这次混战，实现和平。熊希龄、范源廉等人便是其中的代表。1918 年 4 月 3 日，范源廉、熊希龄等人联合致电《时报》，呼吁各界人士对湖南施以援手，救助因为战火而痛失家园的湖南乡民。[51]

但是，湘桂联军和北洋军阀都只顾各自的眼前利益，对广大民众期盼和平的呼声充耳不闻，依旧鏖战于湘楚之地。直至 1918 年 10 月，徐世昌任大总统后力主南北和谈；双方签订停战协议，才使得湖南的兵祸暂缓，但是远没有结束。

1926 年 1 月，中国国民党在广州召开第二次全国代表大会，提出了对内当打倒军阀的口号。当时担任湖南省省长的军阀赵恒惕坐拥 4 个师的兵力，虽然打着自治的旗号，实际却是吴佩孚的附庸；同时湖南也因为英国人在长沙无耻地公开殴打雪耻会纠察队员，促使社会各界爆发了反对英国，驱赵讨吴的社会运动。当时，湘军第四师的师长唐生智，在接触国民政府后，决定北伐并接受国民政府的指挥。

之后，唐生智起兵反赵，一举攻占了长沙、岳阳两地，随即成为代理省长。几经转折，最终国民革命军进占攸县，以胜利告终。可是，此时的省议会及部分团体再次电请赵恒惕回湘。

熊希龄、范源廉等在京的湖湘人士，为了促进湖南各方停止兵戈，一方面与湖南和平救湘会保持沟通，呼吁湘军的各个将领以和为贵，回到原驻守单位；另一方面由范源廉等人主动提议"此间也可推举代表，闻命即行"[52]，进行各方协调配合。6月9日，以熊希龄和范源廉为代表多人共书的《痛陈和战利害致湘军将领暨各公法团电》发表于长沙《大公报》。在电文中，他们首先阐述了战争对湖南破坏之大，有五害："土匪蜂起，掳人勒赎，掘冢逼财"之害、"更撄战祸人，人将相食"之害、"其他苛税杂捐，敲骨吸髓，民无生意，人陷火坑"之害、"今既内争，即酿外侮"之害、"百世之诟，夫岂能涤"之害。其次点明和平是湖南当前最急切的任务，论述和平对湖南有五利："和则各具退口之诚，共钦宽仁之德"之利、"和则兵不毙，民不劳，财不匮，灾不极，而坐收令望"之利、"和则种德收福，食报百世"之利、"自乱则人将代治，自靖则人亦率服。且联省自治亦将由是导源"之利、"和则永息内争，蓄养精锐，一旦海疆有事，吾湘大出义师，效命疆场，使湘军先正威名，重震寰宇，功在国家，誉垂奕叶"之利。最后提议湘军将领和平救湘。[53]

熊希龄、范源廉、刘揆一等人既是革命元老又是教育界高官，该电文经《大公报》报道后，引起了湖南各界的反响。经过多方协商，赵恒惕、叶开鑫以及唐生智都愿意停火。1926年6月20日，从南京到达汉口的赵恒惕，分电唐生智、叶开鑫罢兵，并电告蒋介石切勿派兵入湘。长沙部分团体赴汉欢迎。7月4日蒋介石电劝赵恒惕参加讨吴阵线。8月20日，在长沙的蒋介石发表"对外宣言"，想要率部队北伐征讨吴佩孚，希望各国予以帮助。[54]8月24日，省城人民举行盛大提灯游行大会，庆祝北伐胜利。范源廉等湘籍爱国人士的呼吁对北伐时期湖南的和平起着重要的舆论作用，凸显了范源廉以和平主义为核心的爱国主义。

范源廉热衷于慈善与教育事业，穷其一生为祖国人民做实事、做好事，足以看出范源廉是一位拥有高尚爱国情怀的先进知识分子。虽然对内爱好和平，但不代表对外主张绥靖。对于中国的老百姓，范源廉始终保持着怜悯慈爱之心，而对于野心勃勃的日本，范源廉则保持着高度警惕。

1923 年 3 月，日本国会通过法令，决定将庚子赔款的余额全部用于对华文化事业。[55] 对于日本的这一"对华文化事业"，中国学术界从一开始就不抱支持态度，以范源廉为代表的不少教育界人士都将其视为"似是而非之退还赔款""似是而非之合作"。

1924 年 4 月 27 日，全国教育会联合会退还庚子赔款事宜委员会等 11 家国内学术团体，筹划决定并管理日本以庚子赔款办理文化事业之一切事务。在会上，范源廉对日本退还庚子赔款的事项做了说明，并就反对这一事项提出四条理由。[56] 第一，希望各国退款办教育文化事业，而日本并非退还。虽然日本在外务省特设"对支文化事务局"，为其内政一部，并且其款项列入日本国家预算，经议会保管，但如以美国议会的例子来衡量，则日本的赔款仍旧是日本的，即使他们曾声明要改换用途。第二，此前日本曾派专员接洽，宣称须尊中国意思，但从近日政府提交给国会的预算来看，并未兑现。第三，中日两国因"二十一条"一事"感情甚恶"。"二十一条"中的第五条要求日本人在中国内地设学校、医院、寺院的土地之所有权。今日本要在中国内地设立学校，为反对"二十一条"，不能给予设校的土地所有权。第四，日本对华文化支出逐年进行，预算赔款终了之年，可永久维持其建设。

基于上述四条，范源廉代表全国筹经费委员会特拟函请求政府取消中日文化协定，并恳请日本无条件退还赔款。[57]

　　范源廉所作的说明在会上得到通过，最终全国教育界一致拒绝接受中日文化协定中的庚子退款相关条款。他们明白，日本的真实意图是侵略中国，这一点无可置疑，而将庚子赔款用于"对华文化事业"以博取中华人民好感，则只是日本所打出的流于表面的幌子。从日本设立的处理庚款的机构中，这一目的已经有所暴露，因为无论是1923年4月成立的"对华文化事务局"，还是12月设立的"对支文化事业调查会"，大部分委员都由日本政府、议院、银行和大学的重要人物担任。除此之外，日本在华设立的各项机构，虽然名曰文化事业机构，实际上都完全被日本控制。范源廉等人的提议，也反映出了他们对日本的高度警惕，反映出了他们崇高的爱国情怀。

　　范源廉不仅反对《中日文化协定》，还拒绝了日本以退还庚子赔款名义对中国进行的文化控制。随着中华教育文化基金会使用庚子赔款发展中国文化事业，日本也开始着手介入其中，希望以退还庚子赔款的名义在中国创立图书馆、研究所、博物馆等，来获取符合其国家的利益。面对此种行为，时任中国教育文化基金会干事长的范源廉指出，"以我们总想有一种较为完善的办法，使文化事业不但不受丝毫障碍，并且格外发扬，两国人士达到真正携手的地步"。[58] 他提出了一个日本政府不愿接受的合作方案，即成立由中国人担任一把手的文化事业理事会，以达到拒绝日本人的目的。[59] 最终，日本以退还庚子赔款进行文化入侵的企图未能得逞。

　　范源廉虽然憎恨帝国主义侵略，但是他和一些激进的民族主义分子大不相同。范源廉十分清楚，民族主义是一把双刃剑，它在激发人们爱国热情的同时，也可能导致人们失去理性，变得盲目排外，拒绝接受其他民族的优点和长处。近代中国本就贫弱不堪，倘若闭关自守，只能继续任人宰割。因此，范源廉认为向其他国家学习是十分必要的，只有师夷长技方能自强以制夷，他也的确是这样做的，这正是他理性爱国的具体体现。

首先，范源廉十分主动地向欧美国家学习。1918 年，范源廉赴美考察教育，1919 年 1 月，范源廉回国，并在《中华教育界》第 8 卷第 1 期发表了《调查美国教育报告》。他从学校教育系统、学校运作经费、美国本土学生、小学校系统、中学校系统、高等教育系统、师范教育系统、体育教育系统、社会教育系统、中国留学生、美国华侨教育系统等 12 个方面详细介绍了美国的教育情况，并总结出开垦荒地办学、注重社会实践、落实义务教育、鼓励男女同校等多条教育改革建议。[60] 这些从欧美国家汲取的先进经验，在制定"壬戌学制"时起到了重要作用。

1922 年，范源廉再赴美国考察乡村教育，1923 年又前往英国谈判庚子赔款的退款事宜。这次出国，他除了考察教育，还细心观察了欧美国家的社会生活。回国后，他在一次题为《西方人的科学生活》的演讲中指出，欧美国家之所以生活富足，"无非合乎科学方法而已。此外则各种学问及宗教，亦在与科学适合，其人民在学校、家庭、社会方面，均有养成科学方法习惯的机会。"[61] 范源廉据此认识到了在缺乏科学土壤的中国，空谈"重视科学"是行不通的，必须寻找一条能够将科学引入中国社会的切实可行的道路。他仔细分析了我国的现实条件，提出了以农业科学为先导的方案："中国人民务农者居多。农人多朴实笃厚，苟能妥筹良法，兴办农校于乡村，农人对于农业之智识，循序以进；且实际上更使其收改良耕种之利；如是，则人民对于科学之兴味，由实验而增其浓厚之意趣。然后兴办农业大学于通都大邑，专研究高深农业学问，并训练乡村教员，如是则科学可以输入矣。"[62]

范源廉对当时国民政府国力孱弱、国际地位低下、全面落后于欧美各国的状况有着深刻而清醒的认识，对帝国主义势力在中国的侵略与扩张深表担忧。对欧美十余国进行政治、经济、外交、社会等多方面考察后，范源廉归国发表了演讲，论述了中国在国际关系中的危险地位。范源廉认为，欧洲大战后，各国之间的关系表面上和谐，其实并不是真正的和平，是武装的和平而已。

那么，欧洲各国的形势与中国的关系又如何呢？范源廉也有自己的见解，他认为："在华盛顿会议以前，各国对华政策，多为单独进行。例如某国要求某处租界，某国经营某处铁路军港，则每处有关系者只为一国，我国亦可以筹单独应付之方。然华盛顿会议以后，则一变单独行为而为协同动作。凡国际间大问题发生时，各国对华必取一致之步调。如临案通牒，不问与此案有无直接关系，而十六国公使全体署名，可谓最著之一例。"这种变化带来的影响，有利有害。

从有利的方面说，各国对华的政策，因为意见不一定统一，步调不一定一致，必然导致行动迟缓。但是从有害的方面来说，一旦各国步调一致，合伙起来侵害我国，必将让我国处于孤立无援又毫无办法的境地。像日本独占山东，英国独占威海卫，因为是单独占领，我国还可以单独应付收回。但是像海关一样被各国共同管理，虽然因为欧洲战事排去了德国势力，但是德国所占势力却被其他列强瓜分，而不是归还我国。由此可见，一处在各国共同掌握之下，我国便永远没有收回的希望，其危险不言而喻。再谈到华盛顿会议所提出的门户开放、机会均等等原则，什么是门户？什么是开放？范围和程度如何？解释可以不同，但是不同的解释，可以使结果相差千里。前途是福是祸关键还在于自己能否自我振作，如果我国积极加强国际地位，那么以上各方面的解释主动权掌握在自己手中，减少各国对于我国主权的侵害。但是仅仅幻想各国和平共处，停止对我国的侵害，那无异于痴人说梦。[63]

除此之外，他还借鉴欧美各国的做法，提出了开办面向公众的图书馆、建立专业学术研究机构的主张，这都是切实可行、脚踏实地的方案，充分显示了范源廉理性思考、科学救国的理念。

其次，范源廉还十分提倡对日本的研究。中日两国在近代改革与图强过程中有着密切的关系。随着西方炮舰的叩关，中国举国上下都认识到闭关自守已经难以维系，而日本在遭到西方冲击之后迅速通过向现代化进军的过程，一跃成为与西方列强平起平坐的国家，给中国知识分子巨大的启发。范源廉曾东渡日本学习，并婉拒日本介入中国的文化事业，但他对日本不是民粹主义的完全拒绝，而是认为日本仍有研究的必要。1924 年 7 月 7 日，在中华教育改进社第三届年会第一次学术会上，范源廉作了名为《日本研究之必要及进行办法》的演讲，反映出他主张研究日本的观点。

在文章中，他从"二十一条"的实质出发，提出要加强对日本的研究，才能彻底揭露日本侵略中国的企图。当前中国人对日本的认识较为匮乏，这不利于洗刷国耻，所谓"平日不研究国耻，空留纪念，焉得洗雪"[64]。范源廉认为加强对日本研究出于两方面考虑，一是日本势力在中国的不断扩展，二是日本自明治维新以来只用了不到 60 年的时间就成为世界强国，所以"将中国改造，其方法有往迹可寻者，厥惟日本，故不可不研究之"[65]。那需要研究日本哪些方面呢？范源廉认为应该有三项，分别是"日本的本身政治、土地、人口、交通等；日本与中国之关系；日本与各国之关系，如英意法美南洋等"[66]。

范源廉的《日本研究之必要及进行办法》系统上指出了为何研究日本、研究内容以及研究路径，反映出他对日本认识的深入。这种深入一方面缘于他曾经赴日留学，对日本有实际的了解；另一方面是他曾担任教育部高官，其间与日本政府有过直接的交流。但最根本的还是范源廉心中对日本始终持理性的态度，必然要知己知彼，方能百战不殆。

---

[1]《海王》杂志，1928 年 9 月 20 日创刊于天津，是范旭东创立的"永久黄"（永利制碱、久大精盐、黄海化学研究社）组织的内部刊物。

[2] 范旭东：《人毕竟是人》，《海王》，1943 年第 27 期，第 179 页。

[3] 吴家驹：《追忆范静生先生》，《岳阳文史》第 9 辑，湖南省岳阳印刷厂，1995 年，第 228 页。

[4] 张同义：《范旭东传》，长沙：湖南人民出版社，1987 年，第 6 页。

[5] 同上书，第 9 页。

[6] 相关史实：北洋政府的盐业改革与"善后大借款"有着密切的关系，1913年 4 月，由于财政紧张，北洋政府与法、英、俄、德、日五国银行团签署了《中国政府善后借款合同》，向五国银行借款共 2500 万英镑，并以盐税收入作为担保，还在合同中规定："中国政府明确承认，即将指定为此项借款担保之中国盐税征收办法整顿改良，并用洋员以资襄助。"因此，为增加财政收入和履行条约义务，北洋政府决定进行盐业改革。"善后大借款"本质是北洋政府以巩固其反动统治为目的的卖国行径，但后续为了偿还贷款而开展的各项经济改革客观上促进了民族资本主义的发展。

[7] 景学铃，生于 1875 年，名夲白、韬白，字学铃，浙江鄞县人，民国时期著名的盐务专家、盐务改革活动家，曾担任浙江军政府盐务局秘书、北洋政府盐务署顾问。

[8] 客观来讲，北洋政府在范旭东实业生涯中的作用具有两面性，一方面，其自身腐朽卖国的本质决定了它无法为民族企业创造良好的营商环境，既不能通过关税政策保护民族工商业，也无力阻止外国资本对民族资本展开的

不当竞争。但与此同时，包括范旭东的兄长范源廉在内，许多政府内部的有识之士还是在尽可能利用行政手段为他提供方便，比如 1914 年北洋政府颁布《制盐特许条例》，允许民间投资开设盐厂，表面上是"允许民间"，实际上就是"允许范旭东"；1916 年梁启超出任财政总长后，帮助范旭东把销售范围扩大到长江沿岸；1920 年范源廉再次出任教育总长时，又帮助范旭东几乎垄断了安徽、江西、湖南和湖北四省的精盐销售；后来范旭东开设碱厂时，盐务署更是大开方便之门，给予久大公司工业用盐免税的特权。

[9]张同义:《范旭东传》，长沙:湖南人民出版社，1987 年，第 16 页。

[10]欧阳哲生、刘慧娟、胡宗刚编:《范源廉集》，长沙:湖南教育出版社，2010 年，第 151 页。

[11]张同义:《范旭东传》，长沙:湖南人民出版社，1987 年，第 20 页。

[12]"海王之国，谨正盐筴"出自《管子·海王》，相关原文片段如下:桓公曰:"何谓官山海?"管子对曰:"海王之国，谨正盐筴。"《文献通考》对该句的注解为:海王之国（海王者，言以负海之利而王其业。王，音於况反)，谨正盐筴（正，税也，音征)。也就是说，国家想要长治久安，就必须控制盐的生产与销售，这句话强调了搞好盐政对于民生的重要性。久大公司的创始人们选择"海王"一词作为商标，与公司产品在国计民生中的重要地位相匹配，或许也是想借此鞭策公司上下不忘初心，本着对人民负责的态度生产好盐。

[13]陈华:《中国近代化学工业的创业先驱——范旭东》，《经济导刊》，2008 年第 3 期，第 94—96 页。

[14]《〈档案话"长芦"〉第八集:长芦蝶变（下)》，《档案天地》2022 年第 5 期，第 17—20 页。

[15]张同义:《范旭东传》，长沙:湖南人民出版社，1987 年，第 51 页。

[16]索尔维制碱法是 1862 年比利时人索尔维（Ernest Solvay，1832—1922）发明的新式制碱方法。基本流程如下:先将浓食盐水通入氨水饱和后，再利用加热石灰石产生的二氧化碳与氨化饱和食盐水反应，生成碳酸氢铵。碳酸氢铵进一步与食盐反应，就得到碳酸氢钠和副产物氯化铵。碳酸氢钠溶解度小，经过滤分离后再加热，就得到纯碱并生成二氧化碳。氯化铵可与石灰乳反应，生成氯化钙和氨气。最后，反应生成的氨气和二氧化碳可以被收集起来循环使用。该制碱法问世后，为英国哈琴森公司（1873 年改组为卜内门公司）所垄断，并建立了用索尔维法生产纯碱的工厂，后来，法、德、美相继建厂。这些国家共同成立了索尔维公会，约

定相关技术只向会员国公开，对外严格保密。

[17]张同义：《范旭东传》，长沙：湖南人民出版社，1987年，第27页。

[18]同上书，第30页。

[19]同上书，第54页。

[20]同上书，第84页。

[21]赵宏、韩淑芳：《范旭东二三事》，《中国工商》，1996年第7卷第4期。

[22]张同义：《范旭东传》，长沙：湖南人民出版社，1987年，第93页。

[23]严格来讲，国民政府对范旭东的企业还是给到了一定的支援，例如1938年4月到1939年3月，范旭东分三次领到了300万元的补助款；1939年12月，国民政府又通过四大行向范旭东放出贷款2000万元，用于建设硫酸铔厂和炼焦厂。

[24]张同义：《范旭东传》，长沙：湖南人民出版社，1987年，第96页。

[25]同上书，第114页。

[26]寓公，出自《礼记·郊特牲》，原指客居在别国、外乡的官僚或贵族，现指背弃自己祖国的官僚、地主、资本家等流亡国外。

[27]张同义：《范旭东传》，长沙：湖南人民出版社，1987年，第122页。

[28]同上书，第164页。

[29]赵宏、韩淑芳：《范旭东二三事》，《中国工商》，1996年第7卷第4期。

[30]吴雁南等编：《中国近代社会思潮》（第2卷），长沙：湖南教育出版社，1998年。

[31]陈炽：《续富国策》，北京：朝华出版社，2018年，第169页。

[32]张孝若等：《张季子九录·政闻录·对于储金救国之感言》，上海：中华书局，1932年。

[33]胜因：《实业救国之悬谈》，《东方杂志》，1910年第6期。

[34]黄彦编：《论民生主义与社会主义》，广州：广东人民出版社，2008年，第28页。

[35]吴雁南等编：《中国近代社会思潮1840—1949》（第2卷），长沙：湖南教育出版社，1998年，第570页。

[36]李旻：《清末民初实业救国思潮研究》，博士学位论文，陕西师范大学，2010年，第65页。

[37]欧阳哲生、刘慧娟、胡宗刚编：《范源廉集》，长沙：湖南教育出版社，2010年，第71页。

[38]朱有瓛：《中国近代学制史料第一辑》，上海：华东师范大学出版社，1983年，第197页。

[39] 郭嵩焘:《致沈幼丹制军》, 长沙: 岳麓出版社, 1984 年, 第 196 页。

[40] 舒新城编:《中国近代教育史资料》(上册), 北京: 人民教育出版社, 1981 年。

[41] 蔡元培:《对于新教育之意见》, 载张汝伦主编:《蔡元培文选》, 上海: 上海远东出版社, 1994 年, 第 131 页。

[42] 肖龙海, 杨晓琦:《自觉觉人: 陶行知教育思想启示录》, 载《行知纵横教育与教学研究论坛论文集》, 2022 年, 第 47—58 页。

[43] 欧阳哲生、刘慧娟、胡宗刚编:《范源廉集》, 长沙: 湖南教育出版社, 2010 年, 第 121 页。

[44] 同上书, 第 138 页。

[45] 同上书, 第 72 页。

[46] 同上书, 第 10 页。

[47] 董宝良、周洪宇:《中国近代教育思潮与流派》, 北京: 人民教育出版社, 1997 年, 第 323 页。

[48] 陆费逵:《世界教育状况序》, 载《陆费逵教育文存》, 上海: 中华书局, 1922 年, 第 6 页。

[49] 黄炎培:《学校教育采用实用主义之商榷》,《教育杂志》, 1913 年第 5 卷第 7 辑。

[50] 详细名单见中华职业教育社官方网站: http://www.zhzjs.org/sqgk/about_index.html。

[51] 范源廉、熊希龄等:《为湖南省请赈致〈时报〉馆电》,《时报》1918 年 4 月 3 日。全文:《时报》馆鉴: 湘省连年惨被兵灾, 加以岁收歉薄, 金融羁绝, 近顷各报叠载, 想已早在洞鉴之中。去冬衡宝战事, 此去彼来, 再三蹂躏, 锋镝所及, 井里为墟。旅京湘人方拟发起募赈, 徒以战争方剧, 著手无从, 未几长沙告陷落, 战局蔓延, 伏莽四兴, 东及岳阳, 西连沅澧, 南尽桂郴, 人民窜伏山谷, 室家破毁, 耕作全荒, 惨状至不忍言。昨今连接湘中函电, 斗米价至五金。自通都以逮僻壤, 纸币充斥, 枭运不通。男妇老幼, 阖门饿毙者, 无处无之。今幸长岳连复, 而积尸横野, 流亡未归, 若不设法赈救, 饿之余, 继以疫疠, 湖表一隅, 必有遗孑靡存之忧。况自南北战争以来, 溃军败卒, 遗弃枪械落在民间者, 为数将以万计。此时灾民过众, 万一流为匪盗, 挟持利器, 狼奔豕突, 为祸宁堪设想? 希龄等上念国家, 下顾桑梓, 泣血椎心, 抢呼无地。现由希龄先以私人产业抵借万元, 派任君福黎携往湘中施放急赈。而杯水车薪, 所余无几。踌躇再四, 惟有仰恳各省文武长官, 慈善团体, 以及

海外同胞，异国善士，推人道之大同，救一方于水火，或博施巨款，或代募义捐，俾此时多活一灾黎，即异日可少一祸种。事关慈善，谅荷同情，如蒙愉允，所有捐款请即汇寄天津英租界小孟庄熊宅，当代汇灾区，立活涸鲋，并寄上收据登报表扬，用昭实惠。临电神驰，无任渴祷翘企之至。熊希龄、范源廉、郭宗熙等同叩。

[52] 范源廉:《主张和平致湖南和平救湘会电》,《大公报》, 1926 年 6 月 9 日。

[53] 熊希龄、范源廉等:《痛陈和战利害致湘军将领暨各公法团电》,《大公报》, 1926 年 6 月 9 日。

[54] 湖南省地方志编纂委员会编:《湖南省志》(第 1 卷), 长沙:湖南人民出版社, 1999 年, 第 300 页。

[55] 日本"赔款"的主要机构是在外务省设立专门机构,也就是文化事务局。该局的主要工作是处理关于对华文化事业的事务性工作,并且设置了咨询机关对华文化事业调查会。1922 年 12 月, 日本主管对华文化事务的官员出渊胜次等决定将在这之后的庚子赔款等主要用于在中国所办的文化事业。在《中日文化协定》签订后, 北京政府教育部又在 1924 年颁布了《庚款补助留日学生学费分配办法》, 规定"各省按众议院议员名额, 确定留日生人数"。参见林子勋:《中国留学教育史 (1847—1945)》, 台北:华冈印刷厂, 1976 年, 第 411 页。

[56] 范源廉:《关于反对日本对支文化事业案的说明》,《新教育》, 1924 年第 9 卷第 3 期。

[57] 同上。

[58] 同上。

[59] 这种方案是由"中日两国推选专门学者, 组织文化事业理事会, 等画决定并管理日本以庚子赔款办理文化事业一切事务, 理事人数中日各半, 别设理事长一人, 由中国人充之;这是最低的限度"。详见范源廉:《对于日本在我国办理文化事业之宣言》,《教育丛刊》, 1924 年第 5 卷第 2 期。

[60] 欧阳哲生、刘慧娟、胡宗刚编:《范源廉集》, 长沙:湖南教育出版社, 2010 年, 第 153—167 页。

[61] 同上书, 第 228 页。

[62] 同上书, 第 260 页。

[63]《教育杂志》, 1923 年第 15 卷第 12 号。

[64] 范源廉:《日本研究之必要及进行办法》,《申报》1924 年 7 月 7 日。

[65] 范源廉:《日本研究之必要及进行办法》,《申报》1924 年 7 月 7 日。

[66] 范源廉:《日本研究之必要及进行办法》,《申报》1924 年 7 月 7 日。

第五章 范源廉精神不朽的启示意义

　　范源廉作为一个教育家、社会活动家和慈善公益推动者，是一个复杂历史时代的复杂历史人物。从晚清、北洋军阀统治时期，到国民政府时期，他在动荡的时代以其丰富的人生阅历，见证了中国近代史上的许多历史事件，并亲身参与其中，从他身上看到了社会转型阶段中国知识分子历史道路的丰富性和曲折性。陆费逵曾为范源廉赋诗：百年秀气钟三湘，贤豪辈出先后望。先生行谊尤卓越，髫龄即已露角芒。

　　的确，回望范源廉波澜壮阔的一生，他的身上有很多值得我们学习与弘扬的优秀品质：如身处乱地、险地却决不妥协的斗争精神；如家国一体、与人为善的奉献情怀；再如知行一体、以挽危亡的人生格局。而这些精神品质，放之于今，也是非常值得推崇和学习的。当然，他也不是一个完人，也不是一个一帆风顺的人，但在当时的环境中，他那永不颓悲、执着无悔的生命历程，更令人敬佩。

1. 勇于担当，敢为人先

范源廉目睹国家蒙难、民族危亡，从未选择过逃避，从东渡日本，到出任教育总长、赴美考察，他的每一步人生选择都与国家命运息息相关。范源廉早已把个人命运与国家命运结合起来，就和当年许多知识分子一样，以天下为己任，追求进步，竭力奋斗。

他在岳麓书院求学时，在接触了梁启超"维新变法"的思想主张后，毅然决然予以拥护，与守旧势力斗争，当维新运动失败后，他追随梁启超的脚步，远渡日本留学，是"勇为人先"；尽管范源廉后来并没有如同乡黄兴、同学蔡锷一样，投身于反清革命的洪流中，但他借鉴日式教育、欧美教育的诸般先进措施，结合当时中国的实际国情，进行教育制度的改革，以期开民智、新制度、强家国，并为此奔走一生，从无松懈，是"能为人先"；至于兴慈善以助学、以救助乡邦、以接济同仁，以期改变社会风气，缓解时局弊端，先生向来是当仁不让而"敢为人先"的。即使到了年近半百的时候，谈及国事前途，仍振声高呼："我人既有一定之宗旨，只要一息尚存，力守不变，将来时机凑合，必有贯彻之一日！"

如今，我国正处在实现"两个一百年"奋斗目标和中华民族伟大复兴的关键时期，青年作为国家和社会建设的生力军，是"八九点钟的太阳"，肩负着全面建设社会主义现代化强国的光荣历史使命。广大青年应该像范源廉先生一样，以"敢为人先""勇为人先""能为人先"的担当精神，主动扛起时代进步的重任。

"敢为人先"，要在思想上能破冰，坚定进取的理想信念。回望百年奋斗路，正是因为无数先辈为国为民的责任担当，躺不惯、不认命、不服输，才有在一穷二白的条件下造出"两弹一星"，才有在塞罕坝荒漠沙地中种出"生命绿洲"，才有在红旗渠半山绝壁凿出的"人工天河"……当前和今后一个时期，我国的发展会面临着更加艰巨的困难和挑战，作为新时代青年要始终保持昂扬的奋斗姿态，坚决扛起强国富民的责任担当，以"咬定青山不放松，立根原在破岩中"的韧劲狠劲，以"国有疑难可问谁，强国一代有我在"的决心真心，朝着理想和目标久久为功、奋力前进，书写新时代的"担当答卷"。

"能为人先"，是知行一体，以不断提升的能力护航，重视个人的发展。发展永无止境，奋斗未有穷期。面对知识更新不断加速、社会分工日益细化的发展形势，如果不注重学习，在能力提升上满足于现状、故步自封，终将被时代发展所淘汰。"逆水行舟，不进则退"的紧迫感始终在心，善于用学习填充理想的底色不能蜕化。坚持向书本学习，既要广泛涉猎国家时政、法律法规，也要不断提升专业知识、技能技巧，不断增强自身"硬实力"；坚持向实践学习，认真思考、学以致用，做到理论联系实际，努力把脑中知识转变为实际行动。

个体推动社会，社会成就个体。想让更多的人能"勇为人先"而少有顾忌，还需要良好的激励和保护机制。以范源廉生活的晚清和民国时代为鉴，虽然不乏众多有识有志之士奔走进取，但政治腐朽、制度黑暗，使个人的努力往往消解在时代的冰山之前，久而久之，造成整个社会的麻木和停滞不前。今时不同往日，正是民族兴盛之时，整个社会应该有更多的正向激励举措。加强对先进典型的学习和宣传固然重要，设置适当的物质奖励也不可或缺。双向举措，让"愿干事、能干事、干成事"的人，在发展上有前途，经济上有甜头，成为真正的引领风尚的楷模。

如若肯争先，世上无难事。忆往昔，民族危亡之秋，范源廉等知识分子以热血与激情谱写了一曲刻骨铭心的时代赞歌。看今朝，中华复兴之际，广大有为青年必将用理想与斗志书写一卷浩气长存的盛世华章！

2. 坚守初心，斗争不懈

从 1840 年鸦片战争始，西方的坚船利炮叩开了中国的大门，中国自此陷入半殖民地半封建社会的屈辱时代。从这时起，不乏有开明睿智的人物，寻求中国何以落后，又何以自强的答案和道路。先是有洋务派"师夷长技以自强"的运动，然而甲午战争的惨败宣告了洋务运动的破产；后又有康梁等人"学习西方，变法图存"的维新运动，然而"戊戌变法"百日即止。从洋务运动到戊戌变法，兴教育，开民智，逐渐成为共通的认知。

范源廉正是这一思想主张的终身践行者。尽管对范源廉的生平，最有争议的，就是他是否具备革命的斗争精神，在政治上是否是保守主义者。事实上，他并非没有接触过武装革命。在第一次留学日本返回国内时，他曾亲身参与过唐才常等人组织的"自立军起义"。此时的范源廉，受恩师梁启超的影响，无疑是倾向于激进的革命的。然而，当时革命理念的不成熟，以及武装起义的草率，起义队伍的成分复杂，让他看清了以武装推翻清政府的条件尚不具备，因此才转而沉心于教育研究，大力考察日本的国民教育，以期日后用于建设中国。

辛亥革命爆发后，南北议和，清帝逊位，中华民国建立。在学部任职的范源廉，与当时誉满天下的同盟会元老蔡元培携手合作，破旧立新，迅速奠定了近现代教育崇尚科学民主的主基调。在当时派系丛生的民国政坛中，范源廉不属于任何一个派系，但其政治主张唯以国家民生计，绝非保守。

对推行教育改革，创设更多以新式教育理念为主导的学校，范源廉与守旧者们的斗争，是未曾松懈的。在当时左支右绌的财政困境和"城头变幻大王旗"的混乱时局中，范源廉积极奔走，勉力维系着整个教育体系的正常运作以及大学校园的相对独立，使教育免于成为北洋频繁政治斗争的牺牲品。尽管这个时期，范源廉主政教育时的一些举措方针难免有妥协主义的嫌疑，然而他并非政治实力派，不应过于苛责，而且他为了表达自己对当局蛮横打压教育的抗议，曾数次请辞教育总长的职务，为时人所赞许。

不因所处环境易其心，不因所处职位改其志。为开拓自己的教育视野，范源廉两次前往美国，考察西式的教育，更是在大学中首倡人格教育。可以说，范源廉的一生，于教育的完善追求，从未有过止境。范源廉在尚志学会成立时说："如能人人以振兴中华为己任，勇往直前，只要一息尚存，矢志不变，中国必有复兴之日，凡我同志勉乎哉！"纵览他的一生，确实是不忘初心，言行一致。

范源廉将教育当成一生的事业，在波诡云谲的动荡时代，他宦海几度沉浮，都未能动摇矢志的教育初衷。前文中已经提到，他曾三任北洋政府教育总长，任职期间提出众多的教育主张，他倡导以社会教育提高全民素质，指出"世界之势""科学""爱国"都与"尚武"密切相关，并将义务教育列入宪法，这些在当时看起来具有突破性的先进思想，很多因为时势弄人未能全盘实行，但范源廉并未因此放弃，而是愈挫愈勇，将教育思想进行到底。他百折不挠，坚守初心，永不言败的精神一直感召世人。直至现在，他坚持的这些教育思想对解决我国当代教育问题仍有启示作用。

"美哉大仁，智勇真纯。"范源廉提倡"尚武"精神、进行爱国主义教育，这虽是基于当时国家处于战争环境下提出的观点，但它的前提是人。守初心，就要以人民为中心。范濂源在百年前就始终重视人的精神塑造，哪怕之后执政者频繁更迭，阻碍重重，他都想方设法践行这一思想。范源廉坚守的"尚武"精神，希望能培养出坚毅、勇敢的国民。这对受儒家文化影响深远的中国来说是非常必要的，儒家文化讲究克己复礼，虽仁爱有加，却缺乏竞争意识，不够勇敢，他这种鼓励也适合如今的教育环境。他强调爱国主义教育，坚持培养国人的爱国主义精神，从而振兴国家使民族富强。这也是当代教育很重要的一课。现今教育除了重视科学文化知识，还应重视精神塑造。如开展军事化训练，锻炼学生的坚毅性格；加强体育训练，练就强健体魄；学习英雄事迹，增进民族自豪感。范源廉一直坚持教育救国，这是他始终不改的初心，也是他源源不断的动力。不管是他强调教育的全民性还是将义务教育列入宪法等种种理念，这都是坚守初心，不断创新的过程。

反思现代社会，人们追求高效率、快节奏，要求看到最佳结果，到头来，忘了初心，半途而废。如何守住初心，不言放弃，这不仅关乎个人的梦想，也是一个国家的大考题。范源廉这种百折不挠，始终保持初心的精神值得大力宣扬。

孔子说："居之无倦，行之以忠。"初心的形成或许简单，但真正能保有初心，完成目标是一个艰难且漫长的过程。范源廉做到不动摇、不懈怠，始终坚守阵地。我们在工作生活中如何做到初心不改呢？从范源廉身上我们得到的启示是必须加强自身素养和道德修养，要受得住寂寞和诱惑，也要排解得了非议和挫折。即便自己就是一座孤岛，也总有孤岛连成群岛的机会。从个人出发，初心不改，就要守住信念，守住职业，守住阵地不动摇，始终保持一颗初心，消除一切倦怠和发展瓶颈，坚定地走一条创新之路。

此外，要想坚守初心，还要知道"初心"的价值、意义所在。范源廉选择教育救国，这是他一生坚定的信念，也是他坚守的意义。而作为当代有志之士，也要有他这种坚守和气魄，才能民族振兴，实现强国梦。历来对大变革时期历史人物的评价，可能更多看重有迅疾打破功劳的革命者，而容易忽视有缓慢建设贡献的实践者。这其实是一种历史认知误区，正是两者的有序结合，才能创造大乱之后的治平之世。范源廉无疑是属于后者的典型代表。同为湖湘名士，他在民国政坛的耀眼程度，远不及黄兴、宋教仁、蔡锷等人，而如果以所促成事业的影响深度而言，他为中国近现代教育和慈善事业贡献的业绩，其实并不逊色于上述三杰。

3. 慈善公益，胸怀天下

范源廉是中国近代史上伟大的慈善人物之一，他一生中参与、组织了大量的社会救济活动，同时广泛参与捐赠教学仪器、筹建学校、捐赠图书等公益活动，这在前文已经详细记述过。"今日之举动非为自己，亦非为他人，乃为人类全体有一部分之缺陷，共同弥补之。全体既无缺憾，则一己亦自无缺憾，结果仍不失为自他两利。"范源廉终生为慈善事业努力奔走，正是因为他的心中始终有着对这片土地上广大人民群众的关怀。虽然个人的力量在旧中国的大环境下微不足道，但是范源廉先生用自己的善举点燃了一团火，在漆黑的长夜中温暖了华夏子民的心，唤醒了旧社会残存的善念。如此胸怀天下的精神，让人敬佩。

范源廉尽毕生之力推动的慈善事业，其救助对象涵盖整个社会阶层；他认为凡当救助者，都应该得到救助，并无三六九等之分。虽然在他的慈善观里，仍旧有为富当仁、达则兼济天下的传统思想，但在慈善推进的方式上，则引进了诸多先进的西方慈善事业理念，并非简单的个人行善，而是以慈善之事为出发点，通过多种宣传方式，使名流贤达参与，使普通大众参与，从而使社会层面对慈善所应解决的问题，能有更多更长久的关注。因此，以慈善而推进社会改革，改变社会风尚，范源廉实属民国第一人。

授人以鱼不如授人以渔。在范源廉看来，钱粮衣食的救助仅仅是纾困的权宜之计，是慈的体现。想要根本解决问题，还得依靠教育的专业化和普及化，通过开民智以使国家繁荣，让所有的公众都能享受到善果。所以他的慈善结合了教育，以慈善助力于教育事业，力求将教育由面向权力的"官学"，转变为服务于全社会的"公学"。

如果说传统的"为善"更多侧重于个人道德的选择，是修身的考验，那么范源廉慈善事业中的"服务"意义则更加广大，更值得传承下去。这是梳理出个体与社会相互促进关系后，以个人对社会所应履行义务的积极主动承担，形成助力慈善的潮流，形成关切社会的风尚，最终达成文明、和谐、繁荣的现代精神。费孝通先生曾在《乡土中国》一书中批判传统社会中私的问题，"中国传统社会里一个人为了自己可以牺牲家，为了家可以牺牲党，为了党可以牺牲国，为了国可以牺牲天下"，此弊端的实质正是个体面向社会服务精神的缺失。至于如何破解，范源廉以自己的行止，给出了一条可能的道路。

然而，我们也要清楚地认识到，慈善只是救助，虽然可缓解一时的困难，但并不能代替发展解决问题。范源廉囿于所处时代的局限性，不能从根本上意识到当时的诸多灾难，实为制度腐败黑暗下的"人祸"。祸根不除，再多的慈善也永远只是杯水车薪，终将陷入难以为继的困境。只有稳定和谐的社会环境下，更有质量的经济发展，更加兼顾公平的分配制度，搭配以全民参与的慈善，才能让整个社会实现"养生葬死无憾"的幸福感。

4. 德兼公私，世之典范

在近代中国，思想家有如康有为、梁启超，文学家有如鲁迅，教育家有如蔡元培、陶行知，慈善家、实业家有如熊希龄、张謇，群星璀璨、人数众多。但是，一位两袖清风、勤恳为民的好官是极为罕见的，而范源廉正是德位相配的世之典范。

在工作上，"不以微员新进稍自委卸，于附本部事务之划分，职责之分配，各省提学司使之任命，各级学校录之规程，各地高中、小学校之分期进行，教育人员之考核，凡认为力所当尽者，无不悉心规划，劳瘁不辞"。可以说，于公，用心踏实、尽力而为，是范源廉能在当时尤为艰难的环境下推行教育改革举措，且有所成效的重要倚仗。

时至今日，我们很多人在事业上，往往容易陷入选择很多、力行微少的怪圈，难免有很多的困顿和牢骚。此时不妨想想范源廉先生所处的困境，以及他"力所当尽""悉心规划"的实干言行，收起那些哀怨叹恨，落地在实处，着手于眼前，能够坚持日拱一卒的精神，自能有不凡的成就。

在生活中，"先生平生不烟不酒不博弈，不聆歌曲，舞场戏院，殆终身未尝涉足。治事之时不见客，燕居晤客，则随其人之乡土职业，叩求其风习土宜民情形势，或与纵论古今政教得失，学尚邪正，绝不作游戏冗泛之闲谈。出则必要之酬应以外，闲尝散步园林郊野。盖凡事务之有累于身心者，无不严行摈弃。生平宗仰者，为涑水湘乡两文正。故于治身涉世之道，严而不激，和而不流，俭朴无格华，起居有度。"于私，范源廉身处高位，非常注重律己省身，其中固然有杜绝贪腐行贿的用意，但他持守之恒，委实令人钦佩。

从某种角度来说，我们所处的是一个追求享乐的时代。物质丰富后的悦耳娱心自然无可厚非，但凡事由俭入奢易，由奢入俭难，而品德的高尚，学识的渊博，更在物质的享受之上。物质固然创造精神，但一个民族的精神风貌，往往决定了物质财富的保有期限。为个人计，为家庭计，为国家计，范源廉先生"严而不激，和而不流，俭朴无格华，起居有度"的治身涉世之道，无疑都具有深远的启发意义。

范源廉曾对朋友说："贪污不必说，揩油也要不得。小德出入，结局大德一定逾闲。用公家信封信纸写私信，就是贪污的开始练习。"范先生不使私德有亏的高风亮节和清廉为官的思想，可见一斑。

而在防微杜渐之外，以公为重，求同存异，和而不同，也是他的一大品德。范源廉和蔡元培二人，所属党派不同，所主张的教育理念先后也有不同，然而当蔡元培离任后，继任的范源廉并没有因人废政，而是持续大力推行教育改革，使"兼容并包"成为民国时期教育的核心特征。也正是有了"兼容并包"的多元教育氛围，才诞生了后来的新文化运动。以此而言，说范源廉是新文化运动兴起的护佑者，并不为过。

今日中国，文化兴盛，多元多姿多彩，是中国历史上的任何一个时期都无法比拟的。有选择自然会有立场，有立场就会有争论。争论过度，难免造成对立割裂，戾气横行。此时也不妨看看范源廉先生"以公为重"的操守，只要是符合社会主义核心价值观的，为广大人民欢迎的，有益于群众生活的，就是好文化，可以论而和，却未必要争异。如此，才符合"各美其美，美美与共"的真谛。

范源廉不独是湖湘名流中的第一等人物，更是中国近现代教育、慈善理念和制度的创设成就者。他是有力量的，为开启民智而奋斗终身，不妥协于时势危局，不气馁于环境凋敝，不让步于政治腐败；他是有温度的，以一颗热忱的心，大无畏地奉献于新的教育、新的慈善。他绝非空谈者，而是知行一体的实干家。至于他重国民精神养成、重实业和教育相辅相成的视野格局，于今日而言，无疑是极具前瞻性的。有此人物，是湖湘之幸，是国家之幸，斯人自足不朽！

范源廉年谱

1876 年 （光绪二年） 1 岁	出生。
1889 年 （光绪十五年） 14 岁	丧父。与兄弟随母亲谢氏投靠长沙城内的慈善机构保节堂。
1893 年 （光绪十九年） 18 岁	受舅父资助入清泉学校读书。
1895 年 （光绪二十一年） 20 岁	4 月，中日《马关条约》签订，康有为、梁启超等人组织"公车上书"，倡导变法。8 月，康、梁等人在北京创办《万国公报》(后改名《中外纪闻》)，鼓吹变法，组织强学会。陈宝箴于年末接任湖南巡抚，在前任巡抚吴大澂的教育、经济和军事改革基础上继续革新。范源廉学成回乡教书。
1897 年 （光绪二十三年） 22 岁	时务学堂成立。梁启超等维新人士入湘。

续表

1898年 （光绪二十四年） 23岁	3月22日，时务学堂在长沙南学会举行第二次入学考试，范源廉从150名报考生中脱颖而出，与蔡锷、李穆等成为同学。6月11日，光绪帝宣布变法。9月21日，慈禧太后发动政变。维新变法失败。梁启超东渡日本。
1899年 （光绪二十五年） 24岁	范源廉与同学蔡锷、唐才质等前往上海投考南洋公学，随后赴日留学，入梁启超主持的东京大同学校。
1900年 （光绪二十六年） 25岁	义和团运动爆发，八国联军侵华，慈禧携光绪帝西逃。唐才常在长江沿岸发动自立军起义，武装反清。范源廉回国察看，在起义失败后返回日本。
1901年 （光绪二十七年） 26岁	范源廉考入东京高等师范学校。结识严修、杨度、曹汝霖、陆宗祥等人，建议日本法政大学校长梅谦次郎为中国留学生开设法政速成班。
1905年 （光绪三十一年） 30岁	清廷设学部于北京，聘日本教授主教，范源廉任学部主事。
1906年 （光绪三十二年） 31岁	学成归国，正式进入学部。三四年间，由主事升任员外、郎中、参事。
1909年 （宣统元年） 34岁	在北京辟才胡同创立殖边学堂。将原尚志学会改办学堂，次年又筹得资金，升级为专门的法政学校，命名为尚志学校。
1912年 （民国元年） 37岁	1月1日，孙中山在南京就任中华民国临时大总统。3月10日，袁世凯在北京就任临时大总统，随后任命唐绍仪为国务总理。3月26日，黄兴、刘揆一等人发起成立中华民族大同会。4月8日，范源廉被袁世凯任命为教育次长（总长为蔡元培）。4月9日，受袁世凯派遣，与张大昕前往武汉与孙中山、黎元洪商讨美国减免庚子赔款等事宜。5月9日，共和党在上海成立，范源廉任干事。6月29日，袁世凯任命陆徵祥为国务总理。7月14日，蔡元培辞教育总长职，26日范源廉继任。8月25日，中国国民党成立。9月25日，袁世凯任命赵秉钧为国务总理。 10月7日，范源廉公开发表声明，脱离共和党。
1913年 （民国二年） 38岁	1月18日，范源廉辞教育总长职，转任中华书局编辑长。2月4日，北京参议院、众议院复选。3月20日，宋教仁遇刺。3月25日，孙中山决定武装倒袁。4月，袁世凯

1913年 **（民国二年）** **38岁**	与英、法、德、俄、日五国银行团签订善后借款合同。5月，上海各党团体为宋案、借款事声讨袁世凯。6月9日，袁世凯罢免江西都督李烈钧。7月，二次革命爆发。7月25日，谭延闿宣布湖南独立。7月，袁世凯任命熊希龄为国务总理。9月，二次革命彻底失败。10月10日，袁世凯正式就任大总统。
1915年 **（民国四年）** **40岁**	5月9日，袁世凯接受"二十一条"。12月12日，袁世凯称帝。12月25日，蔡锷、唐继尧等通电各省，宣告云南独立，声讨袁世凯，护国战争爆发。
1916年 **（民国五年）** **41岁**	1月16日，蔡锷率军出击四川。1月27日，贵州都督刘显世宣告贵州独立。3月10日，冯国璋等5人通电袁世凯，迫其退位，取消帝制。3月23日，袁世凯取消帝制，并致电蔡锷等停战，商议善后办法。4月，广东、浙江宣布独立。袁世凯任命段祺瑞为国务卿，组织新内阁。5月22日，陈宧宣布四川独立。29日，湖南将军汤芗铭宣布湖南独立，因汤芗铭多有劣迹，湖南仍倒袁驱汤。6月6日，袁世凯病亡。7日，黎元洪继任大总统。7月，黎元洪、段祺瑞任命陈宧为湖南督军兼省长，遭到熊希龄、范源廉、周大烈等人联合抵制。8月1日，段祺瑞出任国务总理。府院之争日趋激烈。 范源廉再任教育总长。10月31日，黄兴病逝。
1917年 **（民国六年）** **42岁**	1月20日至7月17日，范源廉代理内务总长。3月初，段祺瑞辞职出走天津，府院之争白热化。5月23日，黎元洪免去段祺瑞的国务总理兼陆军总长职务，段祺瑞拒绝承认。6月1日，黎元洪召张勋来北京调解府、院矛盾，张勋趁机拥立溥仪复辟。7月3日，段祺瑞、徐世昌等人讨张勋。6日，冯国璋在南京宣布就任代理中华民国大总统，任段祺瑞为国务总理。孙中山等人掀起护法运动。12日，溥仪再次退位。8月6日，段祺瑞派心腹傅良佐取代谭延闿为湖南督军，入湘。9月1日，孙中山当选为广州军政府大元帅。10月3日，孙中山正式下令讨伐段祺瑞。湘省护法军组成以程潜为首的湘南总司令部，粤、桂、湘三省护法军意图会攻长沙。6日，北洋军和湘南护法军在湘潭西倪铺接战，护法战争正式爆发。11月22日，冯国璋免去段祺瑞国务总理职。段祺瑞内阁再次倒台。全国各地宣告独立、护法。12月25日，冯国璋宣告正式停战。

1917年 （民国六年） 42岁	范旭东在塘沽设立永利制碱公司，1934年改名为永利化学工业公司。此为中国最大的私营化工企业。
1918年 （民国七年） 43岁	3月23日，段祺瑞再次成为国务总理。5月20日，孙中山辞去大元帅职务，乘船离开广州赴上海。8月12日，新国会在众议院成立，冯国璋、段祺瑞辞职。9月4日，安福国会选举徐世昌为大总统。11月16日，徐世昌发布停战令。广州军政府响应。 5月—11月，范源廉与严修同赴美考察教育，冬季归国。
1919年 （民国八年） 44岁	1月，范源廉作《调查美国教育报告》《范静生先生演说赴美调查教育之情形》。1月18日，巴黎和会召开。21日，中国派陆徵祥、顾维钧、王正廷、施肇基、魏宸组5人为参加巴黎和会全权代表。2月，范源廉作《美国教育行政谭》。26日，教育调查会成立，范源廉和蔡元培被选为正、副会长。5月4日，五四运动爆发。9日，北京大学校长蔡元培抗议当局镇压五四运动，愤然离职出京。6月11日，徐世昌向国会参、众两院提出辞职。16日，全国学生联合会于上海成立。顾维钧等拒绝在《凡尔赛和约》上签字。10月17日，严修、张伯苓创办私立南开大学。
1920年 （民国九年） 45岁	1月下旬，梁启超自法国回上海。3月，受张伯苓之邀，范源廉出任南开大学校董。5月26日，湘南战争开始。8月9日，徐世昌再任靳云鹏为国务总理。范源廉出任教育总长。11日，第一次粤桂战争爆发。9月5日，梁启超等创"讲学社"，邀请各国学者来华讲学，范源廉名列董事会。11月25日，孙中山偕伍廷芳、唐绍仪等离沪去粤；29日，重组军政府。6月22日—9月11日，法国著名数学家、政府议员、巴黎大学中国学院院长保罗·班乐卫应邀率访问团到中国访问，与范源廉互通信函。范源廉与之磋商法国政府补贴巴黎索邦大学中国学院和放弃庚子赔款，用于发展教育事业。
1921年 （民国十年） 46岁	3月14日，北京大学等8校教职员为抗议当局积欠经费，罢工。15日，北京国立专门以上学校教职员代表联合会成立，由马叙伦任主席。4月8日，北京8所高校教职员全体辞职。30日，北京政府被迫接受8校教职员要求。范源廉辞去教育总长之职。5月14日，北

1921年 （民国十年） 46岁	京政府内阁改组，靳云鹏复任国务总理，再邀范源廉出任教育总长，被拒。16日，北京8校教职员不满北京政府开空头支票，再次辞职。6月3日，北京8所国立学校教职员和15所大中小学学生联合请愿，被卫兵用枪柄、刺刀击伤10余人。7月23日，中国共产党第一次全国代表大会在上海开幕，中国共产党成立。12月23日，新教育共进社、新教育杂志社、实际教育调查社三者合并成立中华教育改进社，梁启超、严修等五人被推举为名誉董事，蔡元培、范源廉、黄炎培、熊希龄、张伯苓、汪精卫等九人被推举为董事，聘请陶行知为总干事；以"调查教育实况，研究教育学术，力谋教育改进"为宗旨，是当时中国最大的教育社团。24日，梁士诒在北京任内阁总理。
1922年 （民国十一年） 47岁	2月，中华教育改进社第一次董事会在上海召开，范源廉被公推为第一任董事长。5月4日，孙中山再次下令挥师北伐。6月11日，黎元洪重任总统，召集旧国会。16日，陈炯明叛变，孙中山逃离广州。本月，范源廉再次赴美，考察农业、公民教育，并参加在旧金山召开的万国教育会议。7月2日，北伐军回师讨伐陈炯明。16日—23日，中国共产党第二次全国代表大会在上海举行。9月4日，孙中山决定改组国民党。19日，黎元洪以王宠惠为内阁总理，正式组阁。
1923年 （民国十二年） 48岁	1月1日，孙中山发表《中国国民党宣言》。2日，发布《中国国民党党纲》，阐明三民主义和五权的基本内容。16日，孙中山夺回广州，发表和平统一宣言。17日，蔡元培因教育总长非法逮捕北大教师，愤而辞去北大校长之职。3月1日，孙中山在广州重新组成大元帅府。6月13日，总统黎元洪被曹锟逼迫出京。8月26日，中华平民教育促进会总会在北京成立。10月5日，曹锟贿选为大总统。上海、浙江、安徽、广州等省市一致声讨。25日，孙中山在广州召开国民党改组特别会议。范源廉赴英与英国政府商议，将庚子赔款退款用于发展教育事业。
1924年 （民国十三年） 49岁	1月1日，湖南教育界在长沙召开平民教育运动游行大会，号召有钱者快办学，识字者快教人，不识字者快读书，并前往省署及省议会请愿，寻求经费支持。15日，湖南平民教育促进会成立。1月20日—29日，中国国民党第一次全国代表大会在广州召开。同月，黄

1924年 **（民国十三年）** **49岁**	埔军校开始筹备。范源廉就任北京师范大学校长，并撰写校歌。被任命为教育总长，坚辞。2月23日，北京政府教育部公布《国立大学校条例》。3月24日，北京大学发表宣言反对教育部颁布的《国立大学校条例》，并由该校评议会具呈教育部，指出大学内部行政自有校长负责，无须董事会。3月27日，黄埔军校举行为期三天的入学考试。4月22日，全国教育会联合会、退还庚子赔款事宜委员会、中国科学社等学术团体在北京中华教育改进社开会，讨论日本外务省拟以退还庚款合办中日文化事业等事宜。5月，黄埔军校开学。5月25日，中华职业教育会在武昌举行第八届年会。中华民国大学联合会在南京成立，范源廉当选会长，9月，被推举为中华教育文化基金会董事。
1925年 **（民国十四年）** **50岁**	1月，范源廉辞任国立北京师范大学校长职务。3月12日，孙中山在北京逝世。5月30日，"五卅惨案"爆发。6月1日，上海总工会成立，宣布大罢工。6月19日，广东、香港工人为声援上海"五卅惨案"举行大罢工。7月1日，中华民国国民政府在广州成立。
1926年 **（民国十五年）** **51岁**	6月29日，范旭东创办的永利碱厂首次生产出碳酸钠含量在99％以上的"纯碱"。遂定以"红三角"牌商标，在同年8月于美国召开的万国博览会上获金质奖章。7月，为消灭各地军阀割据势力、统一全中国的北伐战争爆发。8月24日，中国近代实业家张謇去世。9月17日，冯玉祥在绥远五原誓师，参加北伐。10月10日，北伐军攻占武昌。11月8日，北伐军攻陷南昌，孙传芳主力被歼。12月，北伐军占领福建。
1927年 **（民国十六年）** **52岁**	1月1日，广州的国民政府迁往武汉。1月4日—2月5日，毛泽东考察湖南农民运动。1月7日，中国国民政府接管汉口、九江的英租界。2月6日，龙云在云南政变。4月12日，蒋介石在上海发动"四一二"反革命政变。4月17日，武汉罢免蒋介石一切职权。18日，蒋介石另立南京国民政府。5月5日，冯玉祥出师潼关，直系军阀覆灭。7月，范源廉出任北京图书馆馆长。7月15日，汪精卫在武汉发动"七一五"反革命政变。7月25日，日本首相田中义一将臭名昭著的《帝国对于满蒙之积极根本政策》密奏天皇，企图侵华。8月1日，南昌起义爆发。12月23日，范源廉因腹膜炎在天津病逝，享年52岁。

参考文献

一、档案、文集文献、地方志

1. 蔡锷辑录，肖玉叶译注：《曾胡治兵语录》（黄埔军校版），桂林：漓江出版社，2014 年。

2. 陈元晖主编：《中国近代教育史资料汇编·教育思想》，上海：上海教育出版社，2007 年。

3. 陈鑫、杨传庆编：《严修集》，北京：中华书局，2019 年。

4. 高平叔、王世儒编注：《蔡元培书信集》，杭州：浙江教育出版社，2000 年。

5. 高平叔编：《蔡元培教育论著选》，北京：人民教育出版社，2011 年。

6. 耿去志编：《胡适遗稿及秘藏书信》，合肥：黄山书社，1994 年。

7. 龚克主编：《南开大学史话》，北京：时代华文书局，2016 年。

8. 顾炳权：《上海史志人物风俗丛稿》，上海：上海书店，2018 年。

9. 何荣林主编：《南开校史研究丛书第》12 辑，天津：天津教育出版社，2014 年。

10. 湖南名人志编委会编：《湖南名人志》，北京：中国档案出版社，1999 年。

11. 湖南省地方志编纂委员会编：《湖南省志·人物志》，长沙：湖南出版社，1992 年。

12. 湖南时务学堂编，邓洪波、彭世文校补：《湖南时务学堂遗编》，长沙：湖南大学出版社，2017 年。

13. 黄远生：《远生遗著》，上海：商务印书馆，1927 年。

14. 李克、沈燕：《蔡元培传》，北京：时代华文书局，2015 年。

15. 励双杰：《名人家谱撷谈》，桂林：广西师范大学出版社，2016 年。

16. 梁吉生，张兰普编：《张伯苓私档全宗》，北京：中国档案出版社，2009 年。

17. 梁启超：《梁启超家书校注本》，桂林：漓江出版社，2017 年。

18. 梁启超：《梁启超全集》，北京：北京出版社，1999 年。

19. 刘建强编：《谭延闿文集·论稿》，湘潭：湘潭大学出版社，2014 年。

20. 刘美炎：《岳阳文史 第 10 辑　岳阳籍原国民党军政人物录》，政协湖南省岳阳市委员会文史资料委员会，1999 年。

21. 骆宝善、刘路生主编：《袁世凯全集》第 20 卷，郑州：河南大学出版社，2013 年。

22. 欧阳哲生主编:《范源廉集》,长沙:湖南教育出版社,2010 年。

23. 欧阳哲生主编:《傅斯年全集》,长沙:湖南教育出版社,2000 年。

24. 清华大学校史研究室编:《清华大学史料选编第 1 卷　清华学校时期 1911—1928》,北京:清华大学出版社,1991 年。

25. 宋恩荣主编:《晏阳初全集　第 4 卷　书信卷·1916—1989》,天津:天津教育出版社,2013 年。

26. 陶行知:《陶行知全集》,成都:四川教育出版社,1998 年。

27. 王兴国编校:《湘学研究丛书·杨昌济辑》,北京:民主与建设出版社,2016 年。

28. 吴圣苓主编:《师典》,上海:上海人民出版社,2004 年。

29. 夏德清、武素月:《民盟历史文献　陶行知》,北京:群言出版社,2014 年。

30. 薛君度、毛注青编:《黄兴未刊电稿》,长沙:湖南人民出版社,1983 年。

31. 杨昌济:《杨昌济集》,长沙:湖南教育出版社,2008 年。

32. 杨昌济:《致教育总长范源廉书》,《岳麓书院通讯》,1982 年第 3 期。

33. 杨树达:《积微居诗文钞》,上海:上海古籍出版社,1986 年。

34. 岳阳市地方志办公室编:《岳阳市志 12 人物卷》,北京:中央文献出版社,2004 年。

35. 张宏儒主编:《二十世纪中国大事全书》,北京:北京出版社,1993 年。

36. 张謇:《张季子九录》,北京:中华书局,1931 年。

37. 张念宏主编：《中国教育百科全书》，北京：海洋出版社，1991 年。

38. 赵焰：《1916—1928 年的中国》，北京：东方出版社，2019 年。

39. 中共一大会址纪念馆编：《中共一大代表早期文稿选编 1917.11—1923.7》上，上海：上海人民出版社，2011 年。

40. 中国蔡元培研究会编：《蔡元培全集》，杭州：浙江教育出版社，1998 年。

41. 中国人民政治协商会议天津市委员会文史资料委员会编：《天津文史资料选辑》，天津：天津人民出版社，1994 年。

42. 周秋光主编：《熊希龄集》，长沙：湖南人民出版社，2008 年。

二、民国报纸、期刊

1.《安徽实业杂志》1917 年第 7 期。

2.《晨报副刊》1923 年 10 月 14 日。

3.《东方杂志》1919 年第 3 期。

4.《国际公报》1923 年第 20 期。

5.《国际公报》1924 年第 9、10、34 期。

6.《国闻周报》1926 年第 3 期。

7.《教育周报（杭州）》1913 年第 19 期。

8.《民国日报》1924 年第 22 期。

9.《上海画报》1927 年第 308 期。

10.《申报》1916—1925 年。

11.《实报半月刊》1936 年第 14 期。

12.《世界画报》1924 年第 48 期。

13.《新教育杂志》1919 年第 4 期。

14.《兴华》1917 年第 3 期。

15.《约翰声》1917 年第 3 期。

16.《中华教育界》1936 年第 10 期。

17.《重庆清华》1948 年第 18 期。

18.《大公报天津版》1911 年。

19.《大公报天津版》1912 年。

20.《大公报天津版》1913 年。

21.《大公报天津版》1916 年。

22.《大公报天津版》1917 年。

23.《大公报（长沙)》1917 年。

24.《大公报天津版》1918 年。

25.《大公报（长沙)》1919 年。

26.《大公报天津版》1920 年。

27.《大公报天津版》1921 年。

28.《大公报天津版》1922 年。

29.《大公报天津版》1925 年。

30.《大公报（长沙)》1926 年。

31.《益世报》(北京版)1921 年。

32.《新社会报》1921 年。

33.《时报》1918 年。

34.《晨报》1920 年。

三、著作

1. 蔡勤禹、李娜:《民国以来慈善救济事业研究》,天津:天津古籍出版社,2010 年。

2. 蔡勤禹、张家惠:《青岛慈善史》,北京:中国社会科学出版社,2014 年。

3. 曾桂林:《民国时期慈善法制研究》,北京:人民出版社,2013 年。

4. 陈柱:《中华民国史》,长沙:岳麓书社,2011 年。

5. 陈宝良:《中国的社与会》,杭州:浙江人民出版社,1996 年。

6. 池子华:《中国近代流民史》,杭州:浙江人民出版社,1996 年。

7. 邓云特:《中国救荒史》,上海:商务印书馆,1937 年。

8. 费孝通著、赵旭东,秦志杰译:《中国士绅》,北京:外语教学与研究出版社,2011 年。

9. 方激编译:《龙蛇北洋〈泰晤士报〉民初政局观察记》,重庆:重庆出版社,2017 年。

10. 冯尔康、常建华:《清人社会生活》,天津:天津人民出版社,1990 年。

11. 冯克诚等主编:《中华道德五千年 18：近代中国的道德演变与德育理论》,北京:中国文史出版社,1998 年。

12. 冯柳堂:《中国历代民食政策史》,上海:商务印书馆,1934 年。

13. 复旦大学历史系、出版博物馆、中华书局等编:《中华书局与中国近现代文化》,上海:上海人民出版社,2013 年。

14. 顾长声:《传教士与近代中国》,上海:上海人民出版社,

1981 年。

15. 黄永昌：《传统慈善组织与社会发展——以明清湖北为中心》，北京：光明日报出版社，2012 年。

16. 康沛竹：《灾荒与晚清政治》，北京：北京大学出版社，2002 年。

17. 柯象峰：《社会救济》，重庆：正中书局，1944 年。

18. 李国林：《民国时期上海慈善组织》，上海：立信会计出版社，2018 年。

19. 李文海：《中国近代十大灾荒》，上海：上海人民出版社，1994 年。

20. 李喜所、元青：《梁启超传》，北京：人民出版社，1993 年。

21. 李喜霞：《中国近代慈善思想研究》，北京：人民出版社，2016 年。

22. 李向军：《清代荒政研究》，北京：中国农业出版社，1995 年。

23. 梁其姿：《施善与教化：明清的慈善组织》，石家庄：河北教育出版社，2001 年。

24. 陆费逵：《陆费逵谈教育》，沈阳：辽宁人民出版社，2015 年。

25. 吕洪业：《中国古代慈善简史》，北京：中国社会出版社，2014 年。

26. 吕云龙主编：《百年中国教育与百位人物》，北京：北京艺术与科学电子出版社，2005 年。

27. 莫文秀、邹平、宋立英：《中华慈善事业：思想、实践与演进》，北京：人民出版社，2010 年。

28. 任云兰：《近代天津的慈善与社会救济》，天津：天津人民出版社，2007 年。

29. 施原:《〈苏报〉案与辛亥风云》,北京:语文出版社,2012 年。

30. 孙善根:《民国时期宁波慈善事业研究（1912—1936）》,北京:人民出版社,2007 年。

31. 万新平主编:《天津近代历史人物传略》,天津:天津人民出版社,2016 年。

32. 王春霞、刘惠新:《近代浙商与慈善公益事业研究》,北京:社会科学文献出版社,2009 年。

33. 王纪鹏:《民国时期天津慈善社团研究》,北京:中国社会科学出版社,2018 年。

34. 王建军:《中国教育史新编》,广州:广东高等教育出版社,2014 年。

35. 王娟:《近代北京慈善事业研究》,北京:人民出版社,2010 年。

36. 王俊秋:《中国慈善与救济》,北京:中国社会科学出版社,2008 年。

37. 王林:《山东慈善史》,济南:山东人民出版社,2018 年。

38. 王明寰:《中国民政史稿》,哈尔滨:黑龙江人民出版社,1986 年。

39. 王卫平、黄鸿山、曾桂林:《中国慈善史纲》,北京:中国劳动社会保障出版社,2011 年。

40. 王卫平、黄鸿山:《中国古代传统社会保障与慈善事业》,北京:群言出版社,2005 年。

41. 王卫平:《清代江南地区慈善事业系谱研究》,北京:中国社会科学出版社,2017 年。

42. 王子今等:《中国社会福利史》,武汉:武汉大学出版社,

2013 年。

43. 王尊旺、李颖:《医疗、慈善与明清福建社会》,天津:天津古籍出版社,2010 年。

44. 吴洪成:《中国近代教育思潮新论》,北京:知识产权出版社,2016 年。

45. 吴畏主编:《中国教育管理精览 中国传统教育管理卷 教育管理的比较研究卷》,北京:警官教育出版社,1997 年。

46. 伍春晖编:《群雄崛起 辛亥长沙精英》,长沙:湖南教育出版社,2011 年。

47. 夏明方:《民国时期自然灾害与乡村社会》,北京:中华书局,2000 年。

48. 熊明安编:《中国高等教育史》,重庆:重庆出版社,1983 年。

49. 向常水:《民国北京政府时期湖南慈善救济事业研究》,北京:人民出版社,2015 年。

50. 谢忠强:《中国慈善救助事业发展史论纲》,北京:人民出版社,2016 年。

51. 徐建设、张文科:《儒家文化慈善思想研究》,北京:中国社会出版社,2013 年。

52. 徐仲林编:《中国教育家传略》,昆明:云南人民出版社,1983 年。

53. 游子安:《善与人同:明清以来的慈善与教化》,北京:中华书局,2005 年。

54. 张文:《宋朝民间慈善活动研究》,重庆:西南师范大学出版社,2005 年。

55. 张学明、梁元生:《历史上的慈善活动与社会动力》,香港:香港教育图书公司,2005 年。

56. 张祖平:《明清时期政府社会保障体系研究》,北京:北京大学出版社,2012 年。

57. 赵宝爱:《慈善救济事业与近代山东社会变迁（1912—1937）》,济南:济南出版社,2005 年。

58. 甄尽忠:《先秦社会救助思想研究》,郑州:中州古籍出版社,2008 年。

59. 郑功成等:《当代中国慈善事业》,北京:人民出版社,2010 年。

60. 周邦道:《近代教育先进传略　初集》,中国文化大学出版部,1981 年。

61. 周秋光、曾桂林:《中国慈善简史》,北京:人民出版社,2006 年。

62. 周秋光:《近代中国慈善论稿》,北京:人民出版社,2010 年。

63. 周秋光:《熊希龄与慈善教育事业》,长沙:湖南教育出版社,1991 年。

64. 周秋光等:《湖南慈善史》,长沙:湖南人民出版社,2010 年。

65. 周秋光主编:《中国近代慈善事业研究》,天津:天津古籍出版社,2013 年。

66. 解玺璋:《梁启超传》,上海:上海文化出版社,2012 年。

67. 周秋光:《熊希龄传》,北京:华文出版社,2014 年。

68. 吴其昌:《梁启超传》,北京:东方出版社,2009 年。

69. 刘未鸣、韩淑芳主编:《先生归来兮:张伯苓　救国之法厥为教育》,北京:中国文史出版社,2020 年。

70. 朱汉国、杨群主编:《中华民国史》,成都:四川人民出版社,2006 年。

71. 唐振常:《蔡元培传》,上海:上海人民出版社,2018 年。

72. 蔡元培:《中国人的修养》,北京:中国华侨出版社,2020 年。

73. 全国政协文史和学习委员会编:《回忆范旭东》,北京:中国文史出版社,2015 年。

74. 赵津:《范旭东企业集团历史资料汇编》,天津:天津人民出版社,2006 年。

75. 刘未鸣、詹红旗主编:《范旭东:民族化工奠基人》,北京:中国文史出版社,2019 年。

76. 谢本书:《蔡锷大传》,桂林:广西师范大学出版社,2013 年。

77. 谢本书:《蔡锷论稿》,上海:生活·读书·新知三联书店,2014 年。

78. [日]永田圭介著,王众一译:《严复:中国近代探寻富国强兵的启蒙思想家》,苏州:苏州大学出版社,2014 年。

79. [日]夫马进著,伍跃、杨文信、张学锋译:《中国善会善堂史研究》,北京:商务印书馆,2005 年。

80. [美]罗威廉著,江溶、鲁西奇译:《汉口:一个中国城市的商业和社会:1796—1889》,北京:中国人民大学出版社,2016 年。

81. [美]费正清主编,杨品泉等译:《剑桥中华民国史:1912—1949》,北京:中国社会科学出版社,1994 年。

82. [美]佩顿穆迪著,郭烁译:《慈善的意义与使命》,北京:中国劳动社会保障出版社,2013 年。

四、论文

1. 常超:《略论范源廉教育思想及其历史价值》,《兰台世界》,2014 年第 24 期。

2. 陈蕴茜、曲兵:《论清末民初士绅与江浙地方志的变化》,《江海学刊》,2004 年第 4 期。

3. 慈波、朱艳艳:《范源廉略论》,《广西教育学院院报》,2010 年第 5 期。

4. 高迈:《宋代的救济事业》,《文化建设》,1936 年第 12 期。

5. 姜文:《范源廉与北京师范大学》,《教育学报》,2012 年第 3 期。

6. 廖良梅:《近代中国社会慈善家群体的慈善事业述论》,《求索》,2004 年第 12 期。

7. 廖良梅:《社会慈善家群体对近代中国社会的影响》,《长沙大学学报》,2003 年第 3 期。

8. 刘晓琴:《蔡元培的教育实践与五四新文化运动》,《甘肃社会科学》,1985 年第 6 期。

9. 刘宗志:《晚清慈善事业的近代化》,《中国减灾》,2007 年第 10 期。

10. 楼慧心:《慈善活动及其社会利益调节功能》,《伦理学研究》,2009 年第 4 期。

11. 马建标:《范源廉重视 "教育"》,《历史教学（中学版）》,2020 年第 4 期。

12. 全汉昇:《中古佛教寺院的慈善事业》,《食货》,1935 年第 4 期。

13. 任超:《1912—1937 年北京贫儿教育救济浅析——以官民协作为视角》,《内蒙古大学学报》(社会科学版),2017 年第 3 期。

14. 任超:《庙产兴学与近代北京慈善教育事业》,《北京史学》,2019 年第 2 期。

15. 添地:《中国近代的慈善事业》,《中国减灾》,2005 年第 11 期。

16. 田正平、阎登科:《教育行政系统的内外合作与民国前期教育——基于蔡元培与范源廉三度合作的考察》,《社会科学战线》,2013 第 3 期。

17. 魏文享:《近代工商同业工会的慈善救济活动》,《江苏社会科学》,2004 年第 5 期。

18. 文姚丽:《民国时期慈善教育的个案研究——以西安市孤儿教养院为例》,《社会政策研究》,2018 年第 1 期。

19. 许晓明:《范源廉教育思想探析》,《河北师范大学学报》(教育科学版),2012 年第 1 期。

20. 阎广芬:《论近代商人的办学特色》,《社会科学辑刊》,2004 年第 1 期。

21. 杨俊:《范源廉普通教育思想对当代师范生教育的启示》,《贵州师范学院学报》,2012 年第 2 期。

22. 杨实生、甘丹:《范源廉西方教育探析》,《凯里学院学报》,2017 年第 4 期。

23. 杨实生:《范源廉教育救国思想探析》,《教育评论》,2014 年第 3 期。

24. 于淼、许燕、房志永:《童年经历能够预测个体当前的人格特征吗——最早记忆、心理弹性与人格特质的关系初探》,《学前教育研究》，2017 年第 6 期。

25. 余新忠:《1980 年以来国内明清社会救济史研究综述》，《中国史研究动态》，1996 年第 9 期。

26. 张礼永:《范源廉与中国近代高师教育》，《当代教师教育》2018 年第 2 期。

27. 张睦楚:《庚款兴学背景下中华教育文化基金董事会权力博弈之考察》，《中国教育学会教育史分会年会》2013 年。

28. 张钦:《范源廉教育思想述论》，《船山学刊》，1995 年第 2 期。

29. 张绍春:《论范源廉的高等教育思想》，《高教发展与评估》，2015 年第 1 期。

30. 张书丰:《范源廉的教育活动及教育主张初探》，《山东师范大学学报》(社会科学版)，1989 年第 3 期。

31. 张志明:《时遇与机缘——谈范源廉、梁启超与北京美术学校之创建》，《中国书画·史论评》，2012 年第 12 期。

32. 张祚崑:《范源廉与中国近代教育》，《延边教育学院学报》，2019 年第 1 期。

33. 赵宝爱:《近代济南地区慈善事业论略（1904—1937）》，《济南大学学报》(社会科学版)，2005 年第 1 期。

34. 钟霞、甘庆华:《近代广西慈善事业》，《广西社会科学》，2003 年第 1 期。

35. 周秋光、曾桂林:《中国近代慈善事业的内容和特征探析》，《湖南师范大学社会科学报》，2007 年第 6 期。

36. 周秋光、曾桂林:《试论近代慈善事业兴起的社会历史背景》，《湖南师范大学社会科学学报》，2008 年第 4 期。

37. 周秋光、徐美辉:《晚清时期中国近代慈善事业的兴起》,《西南交通大学学报》(社会科学版),2006 年第 4 期。

38. 周秋光:《民国时期社会慈善事业研究刍议》,《湖南师范大学社会科学报》,1994 年第 3 期。

39. 周秋光:《熊希龄出生年考辨——谨以此文纪念熊希龄诞辰一百四十周年》,《书屋》,2010 年第 11 期。

40. 周秋光:《中国近代慈善事业的内容和特征探析》,《湖南师范大学社会科学报》,2007 年第 6 期。

41. 周一骑、张梦璇、管健:《童年经历及当前压力感知对人际信任的影响》,《中国社会心理学评论》,2018 年第 1 期。

五、外文参考文献

1. Evelyn S. Rawski, Education and Popular Literacy in China, Ann Arbor, University of Michigan Press, 1979.

2. J. Chen, Guilty of Indigence, The Urban Poor in China, 1900-1953, Princeton University Press, 2012.

3. Alexander Woodside, "Some Mid-Qing Theorists of Popular Schools : Their Innovations, Inhibitions, and Attitudes toward the Poor", Morden China 9, No.1 (January, 1983).

4. LIN Shumai, Is Yuanpei College A Legacy of Cai Yuanpei? A Historical Comparative Study on Higher Education Reform in China, The University of Hong Kong, Master of Education, 2014.

5. Sally Borthwick, Education and Social Change in China : The

Beginning of Modern Era，Hoover Institute Press，1983.

6. Tsin，M.，Nation，Governance，and Modernity in China：Canton，1900-1927，Stanford：Stanford University Press，1999.

7. Yiming REN，Mengqi Li，"Research on Chang Po-Ling' s Practice of Persuading People to Donate Money on Education and Its Practical Significance"，Higher Education of Social Science，no.5（2015）.

8. Yu-Yue Tsu：The Spirit of Chinese Philanthropy. A Study in Mutual Aid，New York：Ams Press，1912.

后　记

一部近代史，半本湖南人。湖湘文化及其名流，对中国近现代化影响深远，从王船山、曾国藩、左宗棠，至于黄兴、宋教仁、蔡锷，再至于毛泽东、刘少奇等伟大的革命先辈。在这些闪耀的群星中，民国时期的教育家、慈善家范源廉，就显得没那么光彩熠熠了。然而细究其平生，如以"十年树木，百年树人"的教育意义而论，则其人对教育近现代化的奠基和发展，实有百世不易之功。

这本《范源廉传》，源自我的博士论文；之所以会有这样一个选题，要感谢彭年集团余彭年（又名彭立珊先生）。在湖南《潇湘晨报》做记者期间，有幸与余先生结识，他在慈善事业方面作出了许多积极贡献。在和我的交谈中，他提到湖湘历史名人中热心慈善、从事公益的人有许多，但受到世人关注的并不多，人们议论得更多的是他们在政治、军事、经济和文化领域的贡献。当时余彭年先生便提及熊希龄、范源廉等诸位前辈在慈善领域对他的影响甚为深远，后来余彭年先生将其个人财富全部捐献给信托基金会，要求后人继承他的意愿，光大慈善事业。现在彭年集团董事长、余彭年先生的长孙彭志兵先生，也鼓励我从慈善的角度对近代湖湘历史人物作一些梳理，以填补研究空白，并给予大力支持。受到他们的启发和鼓励，我在读博士期间，特别留心这方面的资料，不过当时更多关注的是范源廉的慈善公益观念，以及对他慈善实践的探究。在对范源廉生平资料的收集梳理，以及对范源廉有深刻研究的方家著作的阅读过程中，以老实人著称、三任民国教育总长的范源廉的形象，越发鲜明：他对大学制度的完备，贡献巨大；对国民教育理念的启发，意义深远；对教育和实业相辅相成的推动，穷尽终身。在他看来，教育不仅仅只是专业和技能的培训，更重要的是理想信念的铸就，科学精神、人文精神的塑造，家国情怀、利公利民素养的熏陶。这无疑是一位有力量、有温度、肯实干的湖湘一流人物。感慨之余，遂萌生了将论文衍生成为传记的念头。假如我这本小书能将先贤风貌宣之于世，读者览之阅之，或有裨益。

　　文章之事，发之者在心，成之者在己。然而，若无严师导之，难免流于偏狭肤浅。幸运的是，我在湖南师范大学的博士导师周秋光教授治学严谨、精益求精，学识渊博、和蔼可亲，要求严格、以身作则。从选题到文章框架，从观点论述到史料选取，从遣词造句到符号标点，周师都认真审读、仔细批阅。周师的严谨在前，郑大华、罗衡林、钟声等教授的启发在后，而北京大学的欧阳哲生教授与刘慧娟、胡宗刚编辑整理的《范源廉集》，材料翔实准确，为我的写作提供了可信的基础素材和文献指引。感谢诸位先生，让这本《范源廉传》有了良好的地基。而在严师、良师之外，还有很多同学以及好友，如清华大学张国刚，湖南出版集团张天明，湖南省文史研究馆李跃龙，南开大学余新忠、王利华、王先明、孙卫国，湖南大学向珊、赵岩，重庆大学张华，湖南师范大学吴仰湘、曾桂林、向常水，湖南省博物馆陈叙良和湖南省委宣传部陈瑞来，以及潇湘晨报社伍婷婷等诸位老师给予了我大量的帮助和指点，特别是团结出版社梁光玉社长和李可总编辑助理等多位老师在书稿出版过程中付出了大量心血。他们提出的中肯的修改意见，使我智慧精进、受益匪浅，在此对他们的帮助表示衷心感谢。

这本传记写作时，正值新冠疫情肆虐。期间琐事颇多，想要潜心写作，并不容易。正是我的父母、岳父母和妻儿，用辛勤的汗水和无私的支持，让我有闲暇的时间和精力去完成著述。尤其是我的爱人，在疫情最为艰难的时刻，独自承担起家庭重担，抚育小儿，打理家事，她为我做出的牺牲，实非三言两语所能道尽，得妻如此，夫复何求。这本《范源廉传》，也是奉献给她的礼物。

王国维先生论及人生有三重境界。第一重"昨夜西风凋碧树，独上高楼，望尽天涯路"，在找到自己的信仰之路，并为之不停地向前；第二重"衣带渐宽终不悔，为伊消得人憔悴"，在持守信仰，无畏风雨，不改不易；第三重"众里寻他千百度，蓦然回首，那人却在灯火阑珊处"，是平常心与信仰追求，融洽浑然，只是一心向道而行，任谁也不能影响。如以三重境界而言，范源廉先生无疑都做到了。为开民智、兴社会，他穷毕生之力，竭毕生之智，在混乱的时局中奔波无休，终无气馁，磨而不磷，"虽九死其尤未悔"。

此等风采，着实令人钦佩，且心向往之。